LA ADMINISTRACIÓN DE LAS FINANZAS

ANDREW WOMMACK

Título en inglés: Financial Stewardship
ISBN 978-1-59548-155-9
Copyright © 2011 por Andrew Wommack Ministries, Inc.
P.O. Box 3333
Colorado Springs, CO 80934-3333

Traducido por: Citlalli Macy
Edición en Español Copyright 2011

Índice

PREFACIO

Yo recuerdo que de niño siempre le di mis diezmos fielmente al Señor. Creo que nunca he dejado de dar el diezmo de un solo dólar de los que he recibido. Era bendecido hasta cierto punto, pero las tradiciones y las enseñanzas de los hombres hicieron que a mí se me dificultara la prosperidad en el área de las finanzas (Marcos 7:13).

Me había casado y habíamos tenido dos hijos y ya había estado en el ministerio por más de veinticinco años, antes de que verdaderamente empezara a obtener la revelación de las cosas que estoy compartiendo contigo en este libro. Y quiero decirte que ésta ha significado una gran diferencia. No solamente ha significado una gran diferencia en nuestras vidas personales, sino que yo no podría estar llevando a cabo las instrucciones que Dios me dio sin la abundancia de recursos económicos que estas verdades han producido en nuestro ministerio.

Hubo una época en la cual yo amaba a Dios con todo mi corazón y le servía tan bien como podía y como sabía hacerlo. Sin embargo vivía con tanta estrechez que no podía hacer las cosas que Él me estaba pidiendo. Batallé más en esta área que en cualquier otra área en mi vida Cristiana.

Y esto no me sucede solamente a mí. Recuerdo la vez que yo formé parte de un grupo de ministros que fuimos a la casa de Oral Roberts para platicar con él en el 2009, justo un año antes de que él muriera. Él nos ministró a cada uno de nosotros y después nos permitió a cada uno que le hiciéramos una pregunta. Un ministro le preguntó: "¿Cuál fue la situación más difícil que sobrellevaste en tu ministerio?"

Yo estaba intrigado por esa pregunta. Allí estaba un hombre al cual alguien le había disparado a quemarropa pero la bala no dio en el blanco. A muy pocos ministros en nuestra época los han perseguido como a él. Él ha lidiado con escándalos relacionados con él y con su familia que finalmente le costaron la misma Universidad que él mismo había fundado. Yo estaba ansioso de escuchar su respuesta.

Él no dudó ni por un segundo. Él respondió: "La situación más difícil que sobrellevé fueron los problemas de dinero". Habló de las muchas noches que se pasó sin dormir, en agonía a causa de las finanzas. Habló de que se sintió presionado con cada cambio en su ministerio por las limitaciones que la falta de dinero le imponía. Yo pude identificarme con eso y estoy seguro que muchos de ustedes también pueden hacerlo.

Hubo un tiempo en mi vida en el que no importaba qué tan emocionado estuviera por las instrucciones que el Señor me estuviera dando. A pesar del entusiasmo o de la oportunidad que se hubiera presentado, mi único pensamiento predominante era: "¿Cómo voy a sufragar los costos para hacer esto?" Gloria a Dios que eso ya no es un problema.

Esto no quiere decir que tenga una cantidad ilimitada de dinero. Estoy diciendo que he llegado a una etapa en mi fe en la que yo sé que siempre obtendré el dinero necesario para cumplir con las instrucciones de Dios. Ya no estoy limitado por el dinero. Eso da libertad.

Yo creo que estas verdades que el Señor me ha mostrado funcionarán para cualquiera. Creo que funcionarán para ti. Mi deseo es que conforme leas este libro el Espíritu Santo te ilumine de la manera como sólo Él puede hacerlo. Yo creo que el espíritu de pobreza dejará de oprimirte y tú llegarás a una etapa nueva donde el único elemento que te limite sea la voluntad de Dios, más no el hecho de que tengas o no el dinero para hacerlo. ¡Amén!

INTRODUCCIÓN

Las caricaturas dominicales y el dinero se imprimen en papel, pero la diferencia entre los dos es que unas hacen reír a la gente y el otro la hace llorar. El papel en el que de hecho se imprime la moneda en realidad no tiene valor—no difiere mucho del material que se usa para hacer pañuelos desechables. En realidad, el dinero solamente tiene valor porque la gente se ha puesto de acuerdo para considerarlo como algo de valor. El dólar, el euro, y el yen solamente son creaciones del hombre que se usan para ser intercambiados por servicios, aunque discutir acerca del verdadero valor del dinero no va a poner comida en la mesa. El sistema de intercambio del mundo está basado en el dinero, y todos tenemos que usarlo para sobrevivir.

La influencia del dinero en nuestras vidas es muy real, así que no es algo sorprendente el hecho de que Jesús enseñó más acerca de las finanzas que de cualquier otro tema. Él enseñó más acerca de la administración de recursos económicos que acerca de la oración o inclusive la fe—lo cual nos dice que el tema del dinero, y la manera como lo manejamos, son asuntos muy importantes. Yo creo que una de las razones por la que la iglesia no ha logrado un efecto mayor en la sociedad moderna es porque no hemos aplicado con éxito el evangelio a los asuntos cotidianos—especialmente en el área de las finanzas.

Yo sé que el dinero es un asunto escabroso que mucha gente quiere evadir, pero entender la manera como Dios ve las finanzas es Cristianismo básico. Jesucristo dijo que si no puedes ser confiable en tus asuntos económicos, entonces ¡no se te puede confiar nada!

No es ninguna sorpresa, que lo que la Biblia dice en cuanto a la administración de las finanzas difiere en gran parte de lo que tú escucharás en las fuentes de información financiera que enseñan acerca de "el manejo de los recursos económicos". Dios no opera de acuerdo al sistema de este mundo, y es más importante para nosotros que comprendamos cómo funciona el sistema económico de Dios que entender lo que sucede en *Wall Street*.

Algunas personas tienden a ofenderse cuando los ministros empiezan a hablar de dinero—especialmente si el ministro está en la televisión. La verdad es que, a todos nos han dado causa suficiente para ofendernos. Mucha gente ha sufrido abuso en esta área.

Recientemente, me quedé atónito por lo que vi que estaba sucediendo durante un evento para recaudar fondos en una cadena Cristiana de televisión. Era pura manipulación y propaganda extravagante. Estaba muy mal. No estoy diciendo eso para criticar a otros ministros, pero tenemos que reconocer que se dan muchas cosas egoístas por doquier. ¡Lo que verdaderamente me molesta es que esas tácticas mundanas sí funcionan! El cuerpo de Cristo está tan mal informado en el área de las finanzas que las personas se convierten en las víctimas de las tácticas de manipulación todo el tiempo. Alguien dice: "Mándame $1,000.00 dólares y tus oraciones serán contestadas", y la gente manda dinero a montones. Pero el reino de Dios no opera de esa manera; tú no puedes comprar el favor de Dios.

Así que, sí, hay abusos en el cuerpo de Cristo en cuanto al dinero, pero tú no te pierdas la oportunidad de beneficiarte por las verdades en la Palabra de Dios respecto a las finanzas sólo porque algunas personas están abusando esta cuestión. Te invito a que dejes a un lado las desilusiones y las ofensas pasadas que pudieras haber sufrido, y que le permitas a la Palabra de Dios que te revele la cuestión de las finanzas con una perspectiva santa. Te prometo que, te dará gusto haberlo hecho.

No voy a enumerar las facetas necesarias para hacer un presupuesto, o los principios prácticos para la administración de tu ingreso. Hay otros materiales didácticos para obtener ese conocimiento práctico que ya están disponibles. Voy a enseñar los principios Bíblicos que van al meollo del asunto de los problemas de dinero—y del éxito. Cuando estableces tu corazón, tú tratas con la causa que es la raíz de las situaciones económicas, y entonces la situación del dinero se resuelve. Una vez que tu corazón esté bien, el uso de la sabiduría para gastar tu dinero se manifestará de manera natural.

No podemos caer en la trampa de compartimentar nuestras vidas en el ámbito espiritual (donde nos relacionamos con Dios) y la vida cotidiana (donde tratamos con los empleos, la familia, las finanzas, y todo lo demás). Una casa dividida no permanecerá por mucho tiempo, y limitar nuestro trato con Dios a un par de horas el domingo no va a producir el fruto que deseamos en la vida. Nuestra relación con Dios debe penetrar todos los aspectos de nuestras vidas: el matrimonio, los negocios, las relaciones, las diversiones, y las finanzas.

Las finanzas son importantes, y te sorprenderás cuando veas cómo invitar a Dios en el área de tus finanzas puede traer paz y sanidad a otras áreas de tu vida—porque la manera como ves el dinero afecta mucho más que el saldo de tu cuenta de banco. Mi meta con este estudio es ayudarte a descubrir cómo entregarle tus finanzas a Dios, y que entres a un nivel de verdadera prosperidad en todas las áreas de tu vida.

SER UN MAYORDOMO
Capítulo 1

Yo enseño administración financiera los jueves por la mañana en *Charis Bible College* en Colorado Springs. La mayoría de los estudiantes viene de otros estados para asistir al colegio. Muchos de ellos dejaron sus profesiones y la seguridad de empleos con buenos salarios. También tienen que pagar el costo de la escuela; y asistir a la escuela por un buen número de horas al día trae como resultado que la mayoría tiene que aceptar empleos de medio tiempo. Así que el estudiante común y corriente que asiste a la escuela enfrenta una disminución en el salario, un aumento en el costo de vida, costos extras por la colegiatura, y un trabajo de medio tiempo para cubrir sus necesidades. De acuerdo a la lógica, esto es una receta para el desastre.

Sin la intervención de Dios, esos estudiantes estarían en un gran aprieto. Pero al final del ciclo escolar todos los años yo les pregunto a los estudiantes cuántos de ellos tienen una mejor situación económica que cuando llegaron, y un 80% o más de los estudiantes siempre dice que están mejor. La razón por la que son capaces de prosperar a pesar de los obstáculos normales es que han recibido una revelación de las verdades bíblicas concernientes a las finanzas.

Esto no funciona solamente para los estudiantes de la escuela Bíblica. Cualquier persona que aplique los principios Bíblicos de los que voy a hablar verá que la prosperidad en las finanzas empezará a funcionar en su vida—y no me refiero nada más a un incremento en la riqueza. Tendrás

EL DINERO ESTÁ DESTINADO A SER TU SIERVO, Y NO UN AMO QUE TE GOBIERNA.

una actitud totalmente diferente hacia el dinero. En vez de estar dominado y controlado por el dinero, empezarás a darte cuenta de que el dinero es tu sirviente. El dinero se convertirá en una herramienta que usas en la vida, en vez de que sea un amo que te gobierna. Muchos cristianos son esclavos del dinero. Trabajan en empleos que no les gustan y hacen cosas que no quieren hacer solamente para cubrir sus necesidades. Dios tiene una mejor manera de vivir para nosotros.

No hace mucho tiempo, yo estaba en Hong Kong enseñando acerca de la gracia. La gente verdaderamente estaba recibiendo lo que yo estaba enseñando, pero tuve una corazonada que me hizo pensar que debería enseñar sobre las finanzas. Me sentí indeciso para actuar conforme a lo que percibí, si bien por la reputación que los ministros americanos tienen cuando se trata de enseñar acerca del dinero. Sabía que podría haber algún prejuicio en mi contra, así que aunque verdaderamente sentí un impulso en mi corazón para enseñar acerca de las finanzas, no lo hice inmediatamente.

La conferencia continuó por unos cuantos días más, y después el pastor de la iglesia que estaba visitando me llevó a comer. Varios de sus líderes fueron con nosotros, y mientras estábamos esperando que llegara la comida ellos empezaron a hacerme preguntas. Casi todas las preguntas que hicieron eran acerca de las finanzas. Querían saber cómo armonizar la enseñanza de la prosperidad con la gracia de Dios. La acción de dar con frecuencia se presenta como algo que tú haces para hacer que Dios te bendiga, y ellos querían saber cómo es que las finanzas encajan con el verdadero mensaje del Evangelio: Dios nos bendice porque Cristo nos hizo justos, mas no por nuestro comportamiento.

Después de que platiqué con el pastor y su gente, tuve la seguridad de que Dios había estado guiándome a enseñar sobre las finanzas. Así que durante la conferencia al día siguiente, decidí cambiar el enfoque de mi sermón. Cuando estaba enfrente de la gente pregunté: "¿Cuál es el tema acerca del cual ustedes no quieren que un pastor Americano predique?"

La gente inmediatamente empezó a gritar: "La prosperidad, las finanzas, dar y recibir". "Pues bien, eso es exactamente acerca de lo que Dios me ha pedido que enseñe", contesté.

La sala se silenció por completo; hubieras podido escuchar el ruido que produce un alfiler al caer al suelo. Yo proseguí de todas maneras, y enseñé el tema de la prosperidad con la perspectiva de la gracia de Dios. Al final, les encantó. De hecho, el pastor me mandó un correo electrónico después de la conferencia para decirme que todavía estaba recibiendo comentarios positivos de la gente. Les ayudó mucho, lo cual muestra que algunas veces las cosas que menos quieres escuchar son las que más te ayudarán.

Lo primero que debemos entender acerca de las finanzas es que somos administradores de lo que Dios nos dio. Jesucristo enseñó sobre la administración en la parábola que Él relató del mayordomo sagaz:

> *Dijo también a sus discípulos: Había un hombre rico que tenía un mayordomo, y éste fue acusado ante él como disipador de sus bienes.*

LUCAS 16:1

Ésta es una parábola importante que más adelante voy a enseñar más a fondo, pero por ahora solamente quiero hacer notar la función y la actitud de un mayordomo. El diccionario define mayordomo como la persona que administra la propiedad, las finanzas, o los negocios de otra persona. Como cristianos, somos mayordomos, y tenemos que reconocer que el dinero que tenemos en realidad no es nuestro; es un don de Dios.

Yo sé que alguien está pensando: "¡Puedo asegurarte que Dios no me dio el dinero que tengo! Yo he trabajado para obtenerlo. Lo he ganado". A lo mejor tú tienes dos trabajos, o has economizado durante años para ahorrar un poco, por lo tanto pareciera que el dinero que has acumulado es el resultado de tus propios esfuerzos. Yo entiendo esa manera de pensar, pero en realidad, no es verdad.

Toda buena dádiva y todo don perfecto vienen de Dios (Santiago 1:17). En última instancia, Dios es la fuente de todo lo que tienes. En primer lugar, Dios te dio la vida. Tú no causaste tu existencia— fuiste creado. Dios te creó y Él es la fuente de todas las cosas buenas de tu vida. El apóstol Pablo escribió:

> *Porque en él vivimos, y nos movemos, y somos...*
>
> HECHOS 17:28

Dios no sólo te dio la vida, además Él también es la fuente de tu sabiduría y tus capacidades. Él te dio los talentos que tú usas para ganarte la vida. Dios también es la causa por la que tú naciste en este tiempo de la historia—la época más próspera que ha existido. Así que aunque tú estás trabajando arduamente en tu empleo, Dios sigue siendo la fuente de tu éxito económico. Sin la bendición de Dios sobre tu vida, tú ni siquiera tendrías la capacidad para prosperar.

Yo sé que eres tú el que de hecho anda por el mundo haciendo la labor por la que te pagan, pero tienes que desarrollar la mentalidad de que el dinero que recibes no te pertenece a ti; le pertenece a Dios. Dios te dio los talentos y las capacidades, y todo lo que tienes es una bendición que proviene de Él.

Dios te ha confiado todo el dinero que tienes, y es importante hacerte a la idea de que eres el mayordomo—del dinero de Dios, pero no del tuyo.

La mayoría de la gente ve el ganarse la vida como el resultado de su esfuerzo propio, y no ven a Dios como la fuente de sus recursos. Dividen sus vidas en los asuntos "espirituales"—como el cielo y el infierno—y los asuntos privados y personales—como la profesión y las finanzas. Cuando se trata del dinero, esas personas piensan que todo depende de ellos. Como resultado muchos cristianos están teniendo dificultades con las finanzas. Dios quiere ser la fuente de todo en tu vida. El Señor nunca se propuso que tú llevaras la carga de asumir la responsabilidad de las finanzas, y Él quiere quitarte esa carga.

Muchos cristianos dicen que ellos saben que Dios es la fuente de todo, pero sus vidas no reflejan la revelación de esa verdad. En una ocasión yo estaba en una reunión cuando el hombre que estaba recibiendo la ofrenda le dijo a todos los presentes que metieran la mano en el bolsillo o en la bolsa de la persona que estaba enfrente de ellos y que "tomaran para dar en la ofrenda como siempre habían querido hacerlo". El punto que estaba haciendo es que es más fácil que seamos generosos con el dinero de otra persona. Tú probablemente tomarías más dinero de la cartera de tu vecino que de la tuya para ponerlo en la ofrenda.

Cuando tú piensas que el dinero viene por medio de sudor y de lágrimas, entonces eres más tacaño. Te apegas a tu dinero, y en realidad se convierte en tu amo. Pero cuando tú te ves a ti mismo como un mayordomo y ves al dinero como la bendición de Dios—aunque tú trabajas por un sueldo—eso cambia totalmente el papel que el dinero tiene en tu vida. Éste deja de controlarte y simplemente se convierte en una herramienta. Este simple cambio en la manera de pensar; de dueño a mayordomo, significará una gran diferencia para ti.

Muchos cristianos se han comprometido con firmeza a entregarle sus vidas al Señor en cuanto a las cosas espirituales, pero cuando se trata de las finanzas, ven el dinero como una posesión personal. Las presiones de la vida los conducen a ver el dinero como algo que deben controlar, y ese tipo de mentalidad de dueño conduce a muchos problemas.

El primer paso para ser responsable con tus finanzas es hacerte a la idea de que el dinero no te pertenece a ti. En vez de aferrarte a tu dinero, debes pensar: "Soy un mayordomo de lo que Dios me ha confiado. Dios me ha bendecido con estos talentos y capacidades. Dios me ha bendecido con mi trabajo. Dios me ha puesto en una nación próspera en la época más próspera de toda la historia. Dios me ha bendecido y me ha dado todos los recursos que tengo. No tengo la autoridad de manejar mis finanzas como yo quiera. Soy un mayordomo".

La gente con una mentalidad de dueño acaba tratando de hacer todo por sí misma, pero los mayordomos reciben libremente las bendiciones de Dios. Fíjate qué bendecido era Abraham:

> *Pero Jehová había dicho a Abram: Vete de tu tierra y de tu parentela, y de la casa de tu padre, a la tierra que te mostraré. Y haré de ti una nación grande, y te bendeciré, y engrandeceré tu nombre, y serás bendición. Bendeciré a los que te bendijeren, y a los que te maldijeren maldeciré; y serán benditas en ti todas las familias de la tierra.*

GÉNESIS 12:1-3

Dios dijo que Él bendeciría a Abraham, y que Él engrandecería su nombre. Cuando lees toda la historia de Abraham te das cuenta de que Dios no estaba hablando de beneficios espirituales intangibles. Él estaba hablando de bendiciones materiales y terrenales. Abraham no se hizo rico por medio de su ardua labor. Él se hizo rico porque la bendición de Dios estaba en su vida. Abraham estaba bendecido en todo lo que hacía. Inclusive cuando cometió errores, Dios lo bendijo.

Durante una hambruna en la tierra de Canaán, Abraham viajó a Egipto con su esposa Sara. Ella tenía unos sesenta y pico de años de edad en ese tiempo, pero era tan hermosa que Abraham tenía miedo de que Faraón lo matara a él para quitársela. ¡Así que Abraham mintió y le dijo a Faraón que Sara era su hermana! Era algo que estaba totalmente mal, y él puso a su esposa en una situación terrible. Abraham estaba dispuesto a sacrificar a Sara para salvar su pellejo. Dios tuvo que intervenir enviando pestes a la casa de Faraón para lograr que Sara le fuera devuelta a Abraham.[1]

En menos de treinta años, ¡Abraham volvió a hacer exactamente lo mismo! Él le dijo a Abimelec Rey de Gerar que Sara era su hermana. Esta vez, Dios se le presento a Abimelec en un sueño y le dijo que devolviera a Sara de lo contrario él moriría. Cuando Abimelec vio que Dios estaba con Abraham, él devolvió a Sara y a Abraham le dio oro, plata, vacas, ovejas, y sirvientes. Despúes le dijo a Abraham que él podía vivir en el reino donde le gustara.

Abraham actuó mal en ambas situaciones, pero la bendición de Dios nunca dejó de hacer que Abraham prosperara.[2]

Abraham no era rico por su habilidad para los negocios, o porque Dios recompensó su gran honradez. Abraham era próspero porque Dios prometió que iba a bendecirlo y a engrandecer su nombre. La bendición era independiente del comportamiento de Abraham o de lo que él se merecía. Fue exclusivamente el favor de Dios lo que lo enriqueció. Asimismo, tus esfuerzos no son la fuente de la prosperidad en tu vida.

La bendición de Dios hizo a Abraham tan rico que él y su sobrino Lot no podían vivir juntos porque sus ganados y rebaños eran muy grandes. Tenían tantos animales que una sola área no podía alimentarlos a todos, así que los siervos empezaron a pelearse entre sí por la tierra para pastar, y se vieron obligados a separarse. La conversación de Abraham con Lot es muy reveladora:

Entonces Abram dijo a Lot: No haya ahora altercado entre nosotros dos, entre mis pastores y los tuyos, porque somos hermanos. ¿No está toda la tierra delante de ti? Yo te ruego que te apartes de mí. Si fueres a la mano izquierda, yo iré a la derecha; y si tú a la derecha, yo iré a la izquierda. Y alzó Lot sus ojos, y vio toda la llanura del Jordán, que toda ella era de riego…

GÉNESIS 13:8-10

Abraham llevó a Lot a la cima de una montaña para que pudieran tener una vista panorámica de todo el terreno. Una parte de esa tierra era de riego y era abundante en pastos; la otra parte estaba seca. Acuérdate que la sobrevivencia de sus rebaños dependía de que hubiera una abundancia de hierba para pastar. Ellos no podían ir a una tienda de alimento para animales a comprar alimento para sus rebaños y su ganado. Los campos de pasto eran la única fuente de alimento que tenían. Por lo tanto no es sorprendente que Lot hubiera escogido la tierra de riego para él.

LA BENDICIÓN DE DIOS NO DEPENDE DE TU COMPORTAMIENTO, NI SE DA EN PROPORCIÓN A LO QUE TE MERECES.

Este relato revela cuánta confianza tenía Abraham en el hecho de que Dios era su proveedor. Cualquier persona que estuviera confiando en las circunstancias naturales y en su propio esfuerzo para prosperar nunca renunciaría a una tierra de regadío para sus animales. Tomando en cuenta las circunstancias naturales, la decisión de escoger entre una tierra de riego y el desierto era muy fácil de tomar. Pero Abraham sabía que Dios era su proveedor, y que no importa cómo se vieran las cosas a ojo de buen cubero. Abraham estaba diciendo: "No importa a dónde vaya, el Señor me va a bendecir". Justamente después de que Abraham le permitió a Lot que tomara la mejor tierra, Dios se le apareció a Abraham y le prometió aún más prosperidad de la que él ya había experimentado.

> *Y Jehová dijo a Abram, después que Lot se apartó de él: Alza ahora tus ojos, y mira desde el lugar donde estás hacia el norte y el sur, y al oriente y al occidente. Porque toda la tierra que ves, la daré a ti y a tu descendencia para siempre. Y haré tu descendencia como el polvo de la tierra; que si alguno puede contar el polvo de la tierra, también tu descendencia será contada. Levántate, ve por la tierra a lo largo de ella y a su ancho; porque a ti la daré.*

GÉNESIS 13:14-17

En lo natural, es imposible que un hombre, que apacienta sus ganados y sus rebaños en el desierto, prospere tanto como un hombre cuyo ganado apacienta en pastos verdes; pero nada es imposible para Dios. La bendición de Dios hizo rico a Abraham, y éste prosperó mucho más que Lot.

No mucho tiempo después de que Abraham y Lot se separaron, unos reyes extranjeros atacaron la ciudad de Sodoma, donde Lot vivía, y se llevaron cautivos a todos los habitantes. Cuando Abraham escuchó que su sobrino había sido secuestrado, él armó a sus sirvientes que estaban entrenados para la guerra y persiguió a esos reyes extranjeros. Su grupo consistía de 318 hombres, lo cual te da una idea de cuantos hombres tenía.[3] Los hombres de Abraham derrotaron a los reyes extranjeros y recuperaron todo el botín y las personas que habían sido tomadas como prisioneras. El rey de Sodoma estaba muy agradecido, así que ofreció permitirle a Abraham quedarse con el botín.

Entonces el rey de Sodoma dijo a Abram: Dame las personas, y toma para ti los bienes.

GÉNESIS 14:21

El rey reconoció que si no hubiera sido por Abraham, todo su reino se habría perdido. No sabemos cuánto botín le estaba ofreciendo el rey a Abraham, pero no es irrazonable pensar que pudo haber sido el equivalente a millones de dólares de nuestros días. Abraham había recuperado todos los bienes, los alimentos, y cosas de valor de cinco ciudades, por lo tanto el botín con toda seguridad valía mucho dinero. Pero Abraham no aceptó la oferta del rey.

Y respondió Abram al rey de Sodoma: He alzado mi mano a Jehová Dios Altísimo, creador de los cielos y de la tierra, que desde un hilo hasta una correa de calzado, nada tomaré de todo lo que es tuyo, para que no digas: Yo enriquecí a Abram; excepto solamente lo que comieron los jóvenes, y la parte de los varones que fueron conmigo, Aner, Escol y Mamre, los cuales tomarán su parte.

GÉNESIS 14:22-24

Abraham se negó a aceptar cualquier cantidad de dinero de parte del rey porque él no quería que alguien tuviera una razón para decir que lo había enriquecido. Abraham sabía que él era rico por la bendición de Dios. Su confianza, que estaba basada en ver a Dios como la fuente de su riqueza, era tan fuerte que él renunció a los millones de dólares que valía el botín, que él había ganado por el derecho de conquista. Abraham tenía muchas posesiones y mucha gente que trabajaba para él, pero él se veía a sí mismo como un receptor de la bendición de Dios—y no como alguien que estaba ganando riqueza por medio de su propio esfuerzo.

El fundamento de la confianza de Abraham se remontaba a cuando Dios se le apareció y le dijo: "Te bendeciré, y engrandeceré tu nombre". Estoy seguro de que Abraham puso esfuerzo para mantener a sus rebaños y sus ganados, y él tenía cientos de sirvientes que le ayudaban, pero él seguía viendo a Dios como su proveedor. Él confiaba en Dios, y por eso, Dios lo hizo prosperar de manera sobrenatural. Esta misma actitud es necesaria para que cualquier cristiano realmente empiece a vivir con la prosperidad económica que Dios desea para nosotros.

Debemos ver a Dios como nuestro proveedor y debemos desarrollar la actitud de que los recursos que tenemos son un regalo de Dios. Sí, quizá tú trabajaste 40 o 60 horas por semana en tu empleo, ¡pero Dios es la fuente! Dios te dio la vida, la salud, y los talentos, y Dios es el que abre las puertas de la oportunidad. Dios es nuestro proveedor, y al igual que Abraham, necesitamos reconocer que el dinero que tenemos le pertenece a Dios.

Después de que Abraham confiadamente declaró que Dios era su proveedor, y que renunció a una fortuna antes que darle al rey un fundamento para que pudiera decir que él enriqueció a Abraham, el Señor se le apareció a Abraham en una visión y dijo: "No temas, Abram; yo soy tu escudo, y tu galardón será sobremanera grande" (Génesis 15:1). Esta declaración tenía un significado espiritual, pero también tenía un significado económico. Abraham renunció a millones de dólares para conservar a Dios como su única fuente de recursos, y a cambio Dios lo compensó con un incremento mayor en sus finanzas. Abraham recibió de Dios el equivalente a toda esa recompensa más el interés.

Hasta que veas a Dios como tu fuente de recursos, ninguna otra cosa que la Biblia menciona sobre las finanzas funcionará. Mientras estés agarrando tu dinero con el puño cerrado y acumulando posesiones, el método de Dios para la prosperidad no funcionará en tu vida. Tú tienes que cambiar tu manera de pensar y reconocer que Dios es la fuente de todo lo que posees, viéndote a ti mismo como un mayordomo que administra las bendiciones financieras que Dios te ha dado.

UNA DE LAS RAZONES POR LAS QUE NO VEMOS MAYOR PROSPERIDAD EN NUESTRAS VIDAS ES QUE NO HEMOS APRENDIDO LA LECCIÓN DE QUE DEBEMOS SER ADMINISTRADORES.

Dios es la fuente de tus recursos, tanto como Él fue la fuente de los recursos de Abraham. La diferencia es que Abraham sabía que Dios era su fuente, y su confianza en Dios hizo que él prosperara. Una de las razones por las que no vemos mayor prosperidad en nuestras vidas es que no hemos aprendido la lección de que debemos ser mayordomos. Vemos todo lo que poseemos como el producto del sudor de nuestra frente, y por eso tenemos una actitud tacaña y egoísta en relación al dinero. El primer paso para vivir con prosperidad en las finanzas es reconocer que tú no eres la fuente de tu bendición financiera.

Ver a Dios como la fuente de tus recursos no quiere decir que tú te sientes en tu casa y no hagas nada. Se supone que debes trabajar, pero tienes que reconocer que aunque trabajas, es Dios el que te da el incremento. Un agricultor tiene que preparar la tierra y plantar las semillas para poder obtener una cosecha, pero Dios es el que creó las leyes naturales que gobiernan la siembra y la cosecha, Dios envía la lluvia y el sol que hacen que las plantas crezcan, Dios dio la tierra para que se sembrara, y Dios es la fuente de la salud del agricultor. Asimismo, es la bendición de Dios lo que hace posible que tú prosperes, y la base de la prosperidad es verte a ti mismo como un administrador.

[1] Génesis capítulo 12
[2] Génesis capítulo 20
[3] Génesis 14:14

DIOS ES DADIVOSO
Capítulo 2

Muchas personas no quieren dejar de aferrarse a su dinero, porque creen que Dios se los va a quitar. La verdad es que, Dios cuidará mejor de ti que tú de ti mismo. Dios es *El Shaddai*, y no es Mr. Tacaño. Quizá Él escoja cosas diferentes que las que tú escogerías, pero con toda seguridad el te tratará mejor.

La iglesia ha fomentado tantas ideas equivocadas a través de los años que la gente piensa que el Señor quiere que los cristianos vivan en chozas pequeñas y sin dinero en sus bolsillos. La Palabra de Dios dice algo diferente. Dios quiere bendecir a sus hijos. De hecho, si tú no sientes vergüenza por tu nivel de prosperidad, entonces es factible que tú no estás dependiendo de Dios como la fuente de tus recursos. Yo sé que esto suena un poco alarmante, pero creo que es verdad.

Un hombre al que yo conocía me compró varios automóviles durante varios años—y él no me compraba autos baratos; me compraba lo mejor de lo mejor. Él me dio una Chevy Suburban tan bonita que dondequiera que yo iba, la gente me preguntaba dónde la había conseguido y qué era lo que yo hacía para ganarme la vida. Cuando se daban cuenta que yo era un pastor, pareciera que su semblante dijera: "Éste es un automóvil muy bonito para un pastor". Llegó a darme vergüenza sacar ese carro entre el público.

Fui con la persona que me había dado la Chevy Suburban y le dije: "Mira, me en encanta este vehículo—y no me estoy quejando—pero me pone en situaciones embarazosas. La gente piensa que un predicador no debería manejar algo así de lujoso". Él se me quedó viendo por un rato y después dijo: "Si no sientes vergüenza por tu nivel de prosperidad, entonces en realidad Dios no es tu proveedor". Esas palabras me llegaron directamente al corazón. Es verdad, si tú puedes ver todo lo que tienes y después decir: "Yo hice esto; esto es el resultado de mi propio esfuerzo", entonces tú no has obtenido acceso a la capacidad sobrenatural de Dios—tú solamente estás dependiendo de ti mismo.

Por supuesto, la prosperidad santa no es lo mismo que la codicia de las riquezas. Sí, Dios quiere que tengas cosas bonitas, pero tú no deberías obtenerlas acaparando tu dinero y gastándotelo todo en ti mismo. Cuando tú das y manejas tus recursos como si fueras un administrador del dinero de Dios, entonces Dios te bendecirá—y la bendición de Dios no añade tristeza. Tendrás cosas bonitas, pero no estarás hundido en deuda ni estarás trabajando hasta morir.

Cuando tú abres tu mano y empiezas a confiar en Dios, verás que Dios no es alguien que toma para sí—Él es un multiplicador. Él no ha venido a tu vida para tomar algo de ti. La Biblia está llena de historias de hombres y mujeres a quienes Dios bendijo y prosperó—y todas esas personas tenían la actitud de un administrador. Veían a Dios como la fuente de sus recursos.

David es un buen ejemplo de un administrador. Él quería construirle un templo a Dios, pero Dios le dijo que él no podía hacerlo. Dios quería que Salomón el hijo de David construyera el templo. David obedeció a Dios, pero él empezó a guardar el dinero y los materiales que algún día Salomón iba a necesitar para poder construir el templo. Ésa era su manera de contribuir. David apartó el equivalente de $36,000 millones de dólares en oro y $14,000 millones de dólares en plata cuando Salomón estaba creciendo. Pero entonces, justo antes de que le entregara el trono a Salomón, él hizo un último regalo. David dijo:

Además de esto, por cuanto tengo mi afecto en la casa de mi Dios, yo guardo en mi tesoro particular oro y plata que, además de todas las cosas que he preparado para la casa del santuario, he dado para la casa de mi Dios: tres mil talentos de oro, de oro de Ofir, y siete mil talentos de plata refinada para cubrir las paredes de las casas; oro, pues, para las cosas de oro, y plata para las cosas de plata, y para toda la obra de las manos de los artífices. ¿Y quién quiere hacer hoy ofrenda voluntaria a Jehová?

1 CRÓNICAS 29:3-5

Para este regalo David dio 110 toneladas de oro y 260 toneladas de plata. El equivalente a los precios de hoy, eso es $6,000 millones en oro y más de $300 millones en plata.[1] Después de que dio ese gran regalo, David invitó a la gente para que también dieran algo. Todos los líderes de las tribus se sintieron motivados por ese espíritu de generosidad y empezaron a donar grandes cantidades de dinero. Los líderes dieron hasta más que David: 190 toneladas de oro y 375 toneladas de plata. En total, todos dieron $17 mil millones en oro y plata durante ese día.

Asimismo se alegró mucho el rey David, y bendijo a Jehová delante de toda la congregación; y dijo David: Bendito seas tú, oh Jehová, Dios de Israel nuestro padre, desde el siglo y hasta el siglo. Tuya es, oh Jehová, la magnificencia y el poder, la gloria, la victoria y el honor; porque todas las cosas que están en los cielos y en la tierra son tuyas. Tuyo, oh Jehová, es el reino, y tú eres excelso sobre todos. Las riquezas y la gloria proceden de ti, y tú dominas sobre todo; en tu mano está la fuerza y el poder, y en tu mano el hacer grande y el dar poder a todos.

1 CRÓNICAS 29:10-12

David se veía a sí mismo como un mayordomo. Él sabía que todos sus bienes se los había dado Dios. David le dio a Dios el mérito a Dios por ser la fuente de todas sus riquezas. Dios había sacado a la gente de Israel de la esclavitud e hizo de ellos una nación rica y próspera, que fue capaz de donar más de $16 mil millones en un día. Dios los había hecho poderosos. Después David dijo:

LA ADMINISTRACIÓN DE LAS FINANZAS

Oh Jehová Dios nuestro, toda esta abundancia que hemos preparado para edificar casa a tu santo nombre, de tu mano es, y todo es tuyo. Yo sé, Dios mío, que tú escudriñas los corazones, y que la rectitud te agrada; por eso yo con rectitud de mi corazón voluntariamente te he ofrecido todo esto, y ahora he visto con alegría que tu pueblo, reunido aquí ahora, ha dado para ti espontáneamente.

1 Crónicas 29:16-17

Fíjate cómo David dijo que ellos solamente le habían dado a Dios lo que Dios en primer lugar les dio a ellos; de cualquier manera todo lo que habían hecho era regresarle a Dios lo que por derecho le pertenecía. Ésta es la actitud que estoy tratando de describir. Para poder empezar a prosperar, tú tienes que dejar de pensar que el dinero te pertenece a ti. Tú tienes que dejar de verte a ti mismo como la fuente de tu prosperidad, y debes reconocer que todas las bendiciones y las riquezas vienen de Dios.

La razón por la que la gente está tan estresada por el dinero es que piensan que ellos tienen a su cargo el control de sus finanzas. La gente tiende a pensar que es responsable por todos los elementos que conducen a la prosperidad y a obtener el dinero que necesitan para sobrevivir. Están preocupados por la posible pérdida de su trabajo o por una baja en la economía porque se ven a sí mismos como la fuente de su provisión.

Verte a ti mismo como la fuente de la bendición en tu vida pone mucha presión sobre ti para que controles circunstancias que en realidad están más allá de tu control. Uno de los beneficios de verte a ti mismo como a un administrador es la tranquilidad y la seguridad. Cuando tú sabes que Dios es tu fuente, tú no te preocupas por las circunstancias naturales. Si Dios pudo prosperar a Abraham y alimentar a sus rebaños y ganados en el desierto, entonces Él puede prosperarte a ti en cualquier situación económica. Ni importa lo que esté sucediendo a tu alrededor. Dios se hace responsable por ti, y hasta los cabellos de tu cabeza están todos contados (Mateo 10:30). El Señor cubre nuestras necesidades conforme a Sus riquezas en gloria, y no conforme a la economía del país (Filipenses 4:19).

Si tú estás estresado por el dinero y estás discutiendo con tu cónyuge por el dinero entonces te invito a que empieces a ver a Dios como la fuente de tu prosperidad. Dios cuidará de tus finanzas mejor que tú.

A veces es difícil ver más allá de las dificultades que estás enfrentando en el ámbito físico y natural y ver en el ámbito espiritual, pero tú puedes hacerlo si tienes una mentalidad de mayordomo. Ser un mayordomo te da un sentimiento de seguridad que nunca tendrás mientras te veas a ti mismo como tu proveedor. Te lo digo de veras, adoptar la actitud de un mayordomo verdaderamente te ayudará.

En mi propia vida, yo reconozco que yo no soy el que ha causado mi éxito. No es mi gran sabiduría ni capacidad lo que ha hecho que nuestro ministerio tenga éxito; es la bendición de Dios. No he olvidado la pobreza de la que Dios nos sacó a mi esposa Jamie y a mí. Yo sé que Dios es mi proveedor. Tengo recursos económicos pero en realidad no es mi dinero—es el dinero de Dios, y yo soy un administrador.

Mi mamá tenía 96 años cuando murió en el año 2009. Justo un mes antes de que muriera, ella me pidió que volviera a decirle todas las cosas que el Señor estaba haciendo a través de este ministerio. Le hablé de las vidas que han sido transformadas por todo el mundo. Mientras yo continuaba hablando sin parar acerca de lo que el Señor estaba haciendo, ella interrumpió y dijo: "Andy, tú sabes que éste es Dios". Yo contesté: "Sí, mamá, yo sé que es Dios". Luego ella dijo: "Tú no eres tan listo como para hacer todo esto". ¡Vaya, vaya! No hay nadie como una madre para que te ponga en tu lugar.

Pero estoy completamente de acuerdo. Cuando reflexiono sobre el pasado de mi vida y mi ministerio, me doy cuenta de que yo no pude haber planeado lo que ha sucedido. El Señor me infundió la visión y el deseo pero yo no tenía ni idea de cómo llevarlo a la práctica. Todo lo que Jamie y yo hemos hecho es perseverar en nuestro compromiso con Jesús pase lo que pase y el Señor no ha llevado a vivir la experiencia más increíble. Yo verdaderamente veo a Dios como la fuente de todas las cosas buenas en nuestras vidas.

Cada uno de nosotros debemos ver nuestro ingreso como algo que Dios nos ha encargado, y después preguntarnos qué quiere Dios que hagamos con eso. Tener el conocimiento de que tu ingreso en realidad es el dinero de Dios hace que tú abordes la cuestión de las finanzas con una actitud totalmente diferente—y tu actitud respecto al dinero de hecho es más importante que lo que haces con él. Considera lo que está escrito en el libro de los Salmos:

> *Oye, pueblo mío, y hablaré; Escucha, Israel, y testificaré contra ti: Yo soy Dios, el Dios tuyo. No te reprenderé por tus sacrificios, ni por tus holocaustos, que están continuamente delante de mí. No tomaré de tu casa becerros, ni machos cabríos de tus apriscos. Porque mía es toda bestia del bosque, y los millares de animales en los collados. Conozco a todas las aves de los montes, Y todo lo que se mueve en los campos me pertenece. Si yo tuviese hambre, no te lo diría a ti; porque mío es el mundo y su plenitud. ¿He de comer yo carne de toros, o de beber sangre de machos cabríos? Sacrifica a Dios alabanza, y paga tus votos al Altísimo.*

SALMO 50:7-14

Dios estaba diciendo que su desacuerdo con ellos no era por la falta de sacrificios de su parte; ellos habían estado ofreciendo sacrificios continuamente. Su queja en contra de ellos era por la actitud que tenían en sus corazones al hacer ofrendas. ¡No entendían cuál era el objetivo! Dios no necesitaba los sacrificios. Él estaba tratando de ilustrar la necesidad de que la sangre se derramara para que la persona pueda ser hecha justa. Era una prefiguración profética de la manera como Cristo iba a ofrecer su sangre por nuestros pecados. Era un tipo y una sombra de una realidad futura del Nuevo Testamento. Los israelitas daban las ofrendas por obligación, pero no le estaban dando su corazón a Dios.

Ellos pensaban que estaban haciendo sacrificios porque Dios de alguna manera necesitaba sus toros, y sus cabras. En este versículo, Dios estaba dejando claro que Él no necesitaba nada de ellos: todo le pertenece al Señor. Dios dijo: "Si tuviera hambre, no te lo diría a ti. Mío es el mundo y su plenitud". Él no necesita pedirle comida a nadie. La verdad era que los israelitas necesitaban esos sacrificios. Ellos necesitaban regresarle algo a Dios y de esa manera mostrar su confianza y dependencia en Él. No era para Dios—era para ellos.

¿Sabes por qué Dios nos pidió que demos un 10% de nuestro ingreso a la iglesia? ¡No es porque Dios necesita nuestro dinero! Todo el oro, la plata, y las riquezas de la tierra ya le pertenecen a Él. Él no necesita tus donativos. Dios pudo haber establecido la economía de la iglesia de una manera diferente. Él pudo haber hecho rico a cada ministro del evangelio de manera independiente como lo hizo con Abraham, Isaac, David, Salomón, y todos los demás. El diezmo existe para tu beneficio, no para el beneficio de Dios.

Dios no necesita tu dinero, así como tampoco necesitaba los sacrificios del Antiguo Testamento. El objetivo del diezmo es que tú aprendas a reconocer a Dios como la fuente de todo tu dinero. Una cosa es decir que tú crees que Dios es tu proveedor, pero otra muy diferente es demostrarlo. La manera como te demuestras a ti mismo—y no a Dios—que tú crees que Dios es tu proveedor es por medio de regresarle una porción de tu ingreso a Él. La persona que en realidad no ve a Dios como su proveedor va a evitar darle parte de lo que tiene a otros. Va a pensar: "¡Necesito ese dinero!" Pero dar parte de lo que Dios ya te dio no representa ningún problema cuando tú ves a Dios como tu proveedor.

Es difícil obtener dinero cuando te ves a ti mismo como el proveedor. El dinero hace que te acuerdes de lo mucho que tienes que trabajar para sobrevivir, y pareciera que donar tu dinero te aleja de la meta de que todas tus necesidades estén cubiertas. Todo esto sería verdad si Dios no fuera tu proveedor. En la economía de Dios, tú te acercas más a tus metas cuando das que cuando te aferras a todo lo que tienes.

Todo se reduce a la fe, y es por eso que Dios nos dijo que demos. Él no necesita nuestro dinero. Dios podría establecer su reino usando otros principios. Él podría darle a cada persona que esté en el ministerio ideas creativas que generarían fortunas increíbles. Él pudo haberlo manejado de diferentes maneras, pero Dios estableció su reino con base en el dar porque Él quiere que confíes en Él y que lo veas como tu proveedor. Él quiere que te acuerdes que aunque tú tienes dinero, no lo obtuviste por tu propio poder. Moisés escribió:

> *Sino acuérdate de Jehová tu Dios, porque él te da el poder para hacer las riquezas, a fin de confirmar su pacto que juró a tus padres, como en este día.*

DEUTERONOMIO 8:18

Dios nos da el poder para hacer las riquezas, y es importante que nosotros reconozcamos que Él es nuestro proveedor—sin tener en cuenta cuánto esfuerzo hemos puesto en ganarnos la vida. Toda la prosperidad viene de Dios. Él nos bendice "a fin de confirmar su pacto", y por eso nosotros podemos ser una bendición para otros. Sí, Dios te da dinero para sobrevivir y para que cubras tus gastos, pero la razón primordial por la que Él te ha bendecido es para que tú seas una bendición.[2]

Dar es un problema cuando tú te ves a ti mismo como el dueño de tus ingresos porque cuando Dios te guía a dar algo, o cuando ves instrucciones en la Palabra que te dicen que des, empezarás a pensar: "¿Qué derecho tiene Dios para decirme lo que debo hacer con mi dinero?" Pero la verdad es que cualquiera que sea la riqueza que tú tengas vino de parte de Dios. Él es el que te da el poder y la habilidad para prosperar.

La parte interesante de este versículo es que Dios les estaba hablando a los hijos de Israel los cuales finalmente iban a entrar a la Tierra Prometida. Ellos iban a vivir en casas que habían sido construidas por gigantes. Los terrenos ya estaban limpios de piedras, ya se habían cavado los surcos para sembrar, y los cultivos ya estaban sembrados. Los israelitas iban a llegar y a beneficiarse de la labor de otros. Dios les dijo que no se olvidaran de la fuente de su riqueza cuando pasaran de vivir en el desierto a vivir en mansiones con prosperidad abundante. En este contexto Dios estaba diciendo: "No pienses que te enriqueciste por tu propia fuerza o poder. Yo soy el que te enriqueció, y lo hice para confirmar mi pacto sobre la tierra".

Lo mismo es verdad para nosotros hoy por hoy. Dios es el que nos enriquece. Yo conozco a muchas personas que no sienten que son ricas, pero en parte eso se debe a que en los países desarrollados nuestros estándares en cuanto a la riqueza están un poco fuera de equilibrio. Nuestra prosperidad sobrepasa tanto nuestras necesidades físicas que la gente siente que no tiene lo necesario a menos que manejen un carro nuevo de lujo y que tangan cinco televisiones de plasma. Nuestro nivel de prosperidad ni siquiera puede compararse con lo que la mayoría de la gente en la tierra ha experimentado. La mayoría de nosotros no tenemos ni la menor idea de lo que significa tener que batallar para poder sobrevivir.

Nosotros vivimos con un nivel de relativa prosperidad con el cual la mayoría de la gente a lo largo de la historia ni siquiera pudo haber soñado, y sin embargo nosotros ni siquiera hicimos algo para nacer en esta época. Nosotros no fuimos la causa de que naciéramos en medio de tanta prosperidad y libertad. Inclusive hoy, algunas personas nacen en sistemas sociales que no les dan libertad para prosperar, o en sistemas dictatoriales que controlan su nivel económico. Otras más han sufrido a causa de la guerra, la persecución, y el encarcelamiento. Somos muy bendecidos por haber nacido en una época de tanta prosperidad. Debería ayudarnos poder ver que inclusive hasta la capacidad para prosperar es un regalo de Dios, y no podemos jactarnos de las oportunidades que se nos han dado. El apóstol Pablo dijo:

Porque ¿quién te distingue? ¿o qué tienes que no hayas recibido? Y si lo recibiste, ¿por qué te glorías como si no lo hubieras recibido?

1 CORINTIOS 4:7

Todo lo que tenemos nos lo ha dado Dios, y como lo hemos recibido, no queda lugar para presumir de que nosotros lo ganamos. Los Corintios trabajaban igual que nosotros, pero aún así Pablo dijo que todo lo que eran, y todo lo que tenían, venía de Dios. Yo probablemente me he pasado decenas de miles de horas estudiando la Palabra, pero estaría mal que yo adoptara la actitud de que yo me he hecho a mí mismo. He trabajado para asegurarme de que nuestro ministerio funcione bien, pero yo no soy la razón de que tenga éxito. Dios me llamó al ministerio y me bendijo con el éxito por Su gracia, mas no por algo que yo haya hecho.

Muchos cristianos reconocen que Dios es la casusa de su éxito profesional, pero muy pocas personas lo relacionan con el hecho de que Dios también es la fuente del éxito económico. Mucha gente ve la mano de Dios en cuanto a que Él les da oportunidades en su vida profesional, pero la verdad es que tú no tienes algo que Dios no te haya dado. Lo que te mete en problemas económicos es dejar de reconocer el papel que tienes de administrador de los recursos de Dios. Un administrador sabe que su amo no quiere que él adquiera una deuda y que pague dos o tres veces más el valor real de algo por el interés acumulado. Los mayordomos no hacen compras por impulso sólo porque no pueden esperarse para tener un juguete nuevo, y tampoco hipotecan su futuro para comprar cosas a crédito.

La Palabra de Dios está llena de instrucciones para ayudarnos a tomar buenas decisiones financieras. Por ejemplo, la Palabra nos dice que ahorremos dinero y que estemos preparados. La razón por la que una baja en las finanzas arruina a mucha gente es porque no tienen nada de ahorros, y con frecuencia es porque no han usado su dinero de la mejor manera. Algunas personas están recibiendo bastante dinero, pero como están viviendo muy cerca de límite de su presupuesto una baja en la economía es suficiente para llevarlos a un desastre financiero. Seguir el consejo financiero de Dios te protegerá para que no cometas esos errores, pero tú tienes que adoptar la manera de pesar de un administrador antes de que puedas entender lo que la Palabra dice en cuanto a la administración del dinero.

Es posible prosperar sin Dios, pero acarrea tristeza. La Palabra dice que la bendición del Señor te enriquece, y no añade tristeza con ella (Proverbios 10:22). Cuando estás haciendo todo por tu cuenta, tú también llevas la carga de la responsabilidad. Es por eso que la gente está tan estresada por lo que va a suceder en la bolsa de valores, o porque no saben cómo van a cubrir sus gastos. Cuando Dios es la fuente de tus recursos no hay tristeza añadida a tu prosperidad. La Escritura dice:

Porque los que quieren enriquecerse caen en tentación y lazo, y en muchas codicias necias y dañosas, que hunden a los hombres en destrucción y perdición; porque raíz de todos los males es el amor al dinero, el cual codiciando algunos, se extraviaron de la fe, y fueron traspasados de muchos dolores.

1 TIMOTEO 6:9-10

La manera como el mundo se abre camino tratando de prosperar es impía, y aquellos que obtienen prosperidad de una manera impía se acarrean dolores. La actitud del mundo en cuanto a las finanzas está haciendo que la gente esté totalmente estresada. Necesitan una pastilla para sobrevivir ese día y otra pastilla para poder dormirse por la noche. Debemos dejar de seguir el ejemplo del mundo. La manera santa para buscar la prosperidad consiste en acordarnos que Dios nos ha dado el poder para hacer la riqueza, y nuestro papel es ser los administradores de aquello con lo que Dios nos ha bendecido. En primer lugar buscamos el reino de Dios y el nos añade todas las cosas materiales que necesitamos.[3]

Los dos pasos de mayor importancia en el camino hacia la prosperidad son: darte cuenta de que Dios es tu proveedor, y desarrollar la mentalidad de un administrador. Una vez que tú hagas esas dos cosas, la Palabra de Dios hará que prosperes. También quita el estrés y la preocupación en relación a tus finanzas, porque ¡no es tu dinero! Tú no tienes que temer que Dios te vaya a quitar algo si tú aflojas tu control sobre el dinero. Dios es alguien que multiplica, y no alguien que quita. Te lo prometo, ser un administrador pone todo en la perspectiva correcta y te capacita para recibir bendiciones mayores de Dios. Tú serás bendecido, y serás una mayor bendición para otras personas.

---

[1] El oro $1,730 dólares por onza, y la plata a $40 dólares por onza.
[2] Génesis 12:3; Efesios 4:28; 2 Corintios 9:8
[3] Mateo 6:33

COSAS MAYORES
Capítulo 3

El que es fiel en lo muy poco, también en lo más es fiel; y el que en lo muy poco es injusto, también en lo más es injusto.

LUCAS 16:10

La gente usa este versículo para decir que si quieres ser investido con más autoridad, entonces tienes que partir de un comienzo modesto y avanzar desde allí. Yo hasta les digo a los estudiantes en *Charis Bible College* que no van a salir de la escuela para entrar de lleno a pastorear una iglesia de mil miembros. Primero tienes que ser fiel en las cosas pequeñas—sirviendo en tu iglesia, conduciendo un estudio bíblico, y otras cosas como esas. Conforme aprendes a ser digno de confianza haciendo cosas de poca importancia, Dios incrementará tus responsabilidades de líder. Éstas son declaraciones verdaderas, y no está mal usar este versículo para mostrar esta verdad, pero en realidad no es eso lo que Jesucristo estaba diciendo aquí.

El contexto de un versículo determina su aplicación principal, y el contexto de este versículo se refiere al mayordomo que había malgastado el dinero de su amo. En este contexto, Jesucristo está diciendo que el dinero es el área más elemental en cuanto a la confianza en Dios. ¡Qué declaración tan increíble! Y también es totalmente contraria a la manera de pensar de la mayoría de la gente.

> **JESUCRISTO DIJO QUE EL DINERO ES EL ÁREA MÁS ELEMENTAL EN CUANTO A LA CONFIANZA EN DIOS.**

La mayoría de la gente piensa que el dinero es una cuestión con la cual deben tratar los cristianos maduros, y que la salvación y vivir una vida santa son cosas más elementales. En realidad, siempre hay alguien que se enoja conmigo cuando enseño acerca de las finanzas en el radio o la televisión. De hecho una vez recibí una carta de un radioyente que me amenazó con poner una demanda en mi contra porque yo estaba desperdiciando el tiempo de la transmisión hablando acerca del dinero. Estaba furioso porque yo tomaba tiempo para hablar de las finanzas cuando debería—según lo que él pensaba—estar hablando de cosas más importantes. Pero las finanzas son el área de menor importancia en cuanto a poner nuestra confianza en Dios. Es el punto de partida. En esta parábola, Jesucristo continuó diciendo:

> *Pues si en las riquezas injustas no fuisteis fieles, ¿quién os confiará lo verdadero? Y si en lo ajeno no fuisteis fieles, ¿quién os dará lo que es vuestro? Ningún siervo puede servir a dos señores; porque o aborrecerá al uno y amará al otro, o estimará al uno y menospreciará al otro. No podéis servir a Dios y a las riquezas.*

LUCAS 16:11-13

"Riquezas" quiere decir "dinero" Tenemos que hablar del dinero porque Jesucristo dijo que confiar en Dios respecto a las finanzas es el área de menor importancia en cuanto a la confianza, y tú no puedes hacer cosas mayores si primero no haces las cosas menores. Si tú no puedes levantar 3 kg entonces no deberías intentar levantar 50 kg. Tienes que empezar con lo poco y avanzar desde allí. Si no puedes caminar diez pasos, entonces no puedes escalar una montaña. Si no puedes correr una milla, entonces no puedes correr un maratón. Cuando tú empiezas con un programa de ejercicios, no empiezas con lo más difícil; empiezas con lo más fácil y avanzas a partir de allí.

Jesucristo está diciendo que confiarle a Dios tus finanzas es el área más elemental en cuanto a poner la confianza en Dios. Es el uso más elemental de tu fe. Cuando Jesucristo dijo: "El que es fiel en lo muy poco", Él estaba llamando al dinero "lo muy poco". Piensa en esto: **si no estás poniendo tu confianza en Dios** en cuanto a tus finanzas, entonces te estás engañando a ti mismo al pensar que estás confiando en Él en cuanto a tu salvación eterna—o cualquier otra cosa. ¡Hombre, eso es algo muy profundo!

La razón por la que no estás viendo que las cosas mayores se manifiestan en tu vida podría ser que no estás poniendo tu confianza en Dios en relación a "lo muy poco". Tener fe para que tu familia sea restaurada, para que la sanidad se manifieste en tu cuerpo, o para recibir la sanidad mental o emocional, son cuestiones infinitamente mayores que tener fe para las finanzas. Si todavía no has empezado a poner tu confianza en Dios en cuanto a tus finanzas, entonces ¿cómo puedes ir más allá de eso y confiar en Dios para que sane tu cuerpo? ¿Cómo vas a poder poner tu confianza en Dios para vencer la depresión si no puedes hacer lo poco y confiarle tu dinero? ¿Cómo puedes confiar que Dios te dé vida eterna, pero no confías que Él proveerá a tus necesidades materiales?

Aferrarse al dinero por el temor de que, "Dios no va a proveer para mí", pero al mismo tiempo tratar de decir que estoy creyendo en Dios para la sanidad o la restauración de algo es como decir: "No puedo saltar un metro de altura, pero voy a saltar el ancho del Gran Cañón". No funciona de esa manera. No es que Dios quiera que saltes un montón de obstáculos antes de que Él te sane—no, todo ya ha sido provisto. Es porque tú probablemente no serás capaz de confiar en Dios para las cosas grandes hasta que puedas poner tu confianza en Él en cuanto a las cosas pequeñas.

Confiar en Dios en cuanto a nuestras finanzas es una cuestión de mucha importancia a la que no se le ha dado el reconocimiento adecuado. Mucha gente está tratando de esquivar este asunto y está tratando de proceder a las cosas mayores, pero no funcionará. Igual que en otras áreas en la vida, tienes que empezar con lo elemental y continuar avanzando. No puedes saltar desde el piso hasta el último peldaño de una escalera. Tienes que empezar en el primer escalón y avanzar hacia arriba. Confiar en Dios en cuanto a tus finanzas es el primer peldaño. Es el lugar donde empiezas.

En una ocasión, yo di el mismo mensaje en una iglesia en California, y Dios lo usó para tocar el corazón de las personas. Después de la enseñanza pedí una ofrenda para darles una oportunidad de actuar con base en lo que habían escuchado. Yo no quería que pensaran que lo estaba haciendo con motivos egoístas, así que le ofrecí toda la ofrenda al pastor de la iglesia. Cuando estaban pasando las canastas para la ofrenda, el Señor me habló y me dijo: "Mira lo que va a suceder ahora que estas personas han empezado confiar en Mí en cuanto a sus finanzas". Cuando se terminó de recoger la ofrenda me levanté para orar y ¡empezaron a darse los milagros! La gente empezó a recibir el poder sanador de Dios. Fue una demostración tan espectacular del poder de Dios que la gente corría al frente para preguntar qué necesitaban hacer para ser salvos.

Vi con mis propios ojos que la razón por la que algunas personas no habían sido sanadas era porque nunca habían puesto toda su confianza en Dios en el área de las finanzas. Yo sé que mucha gente no ve las cosas de esta manera. Quieren predicar acerca de la salvación y dejar que los cristianos por su cuenta resuelvan la cuestión de las finanzas; pero eso no es lo que las Escrituras enseñan. Jesucristo dijo que confiar en Dios en cuanto a tus finanzas es fundamental.

Por favor no malinterpretes lo que estoy diciendo. No estoy diciendo que si tú das dinero entonces vas a recibir un milagro. Tú no puedes comprar la sanidad ni ninguna otra bendición de Dios. Tú solamente puedes recibir de Dios por fe. La fe es lo único que hace que cualquier cosa que Dios ha hecho por nosotros se manifieste en nuestras vidas. Lo que estoy diciendo es que usar tu fe para las finanzas es el uso más elemental de la fe, y si no has hecho lo poco, entonces no podrás hacer las cosas mayores.

Todo el tiempo me topo con gente que está buscando la sanidad física y emocional, pero que todavía no han empezado a confiarle a Dios su dinero. Honestamente, quizá no soy tan directo al hablarle a la gente de esto como debería. Probablemente debería ser más firme respecto a esto porque yo sé en mi corazón que la gente me ha abordado con el deseo de que Dios los sane de cáncer cuando ni siquiera han empezado a creer en Sus promesas fundamentales en cuanto a dar y recibir. Esas personas no dan ni diezman porque en realidad no creen que las promesas de Dios tocantes a la provisión de los recursos financieros sean verdad. En realidad no confían en Dios. Entonces, ¿cómo van a poder poner su confianza en Él para que los sane de cáncer? No van a confiar en Dios para las cosas mayores si no confían en Él en cuanto al dinero, que es el uso más elemental de la fe.

En algunas ocasiones le he preguntado a la gente respecto a lo que dan. Recuerdo a una amiga mía que asistió a una de mis reuniones en Atlanta y me pidió que orara por ella. Mientras estábamos platicando, el Señor me reveló que ella no había estado dando donativos. Esta persona era una cristiana que sabía muy bien qué era lo correcto, así que le pregunté:

"¿Has cumplido con tus donativos?"

Ella se me quedó viendo y después dijo: "No, me atrasé y he dejado de hacerlos".

Ella estaba tratando de tener fe en Dios en relación a la sanidad, sin embargo no estaba haciendo lo más elemental. Así que le dije: "Hasta que empieces a actuar de acuerdo a lo que ya sabes y a usar tu fe para esas cosas más elementales, no tiene caso que yo ore por ti para que recibas las cosas mayores".

Algunas personas quizá se asombren de que yo relacionara la fidelidad en las finanzas con la cuestión de recibir sanidad de parte de Dios, pero estas cosas pueden estar

> **USAR TU FE PARA LAS FINANZAS ES EL USO MÁS ELEMENTAL DE LA FE, Y SI NO HAS HECHO LO POCO, ENTONCES NO PODRÁS HACER LAS COSAS MAYORES.**

vinculadas. No se trata de agradar a Dios con nuestros donativos antes de que Él nos sane. Todo se reduce a ser capaz de poner tu confianza en Él para las cosas pequeñas antes de que puedas poner tu confianza en Él para las cosas grandes. Jesucristo dijo exactamente lo mismo cuando el joven rico lo abordó y le preguntó: "¿Qué debo hacer para ser salvo?" Jesucristo se dio cuenta de que la actitud del joven no era la correcta, así que le dijo que vendiera todo lo que tenía, y que se lo diera a los pobres, y que después lo siguiera. Él le estaba diciendo a ese joven: "Si no puedes confiar en Mí en lo más elemental, entonces no podrás poner tu confianza en Mí para cosas de mayor importancia".

En la parábola del siervo injusto, Jesucristo dijo: "Por tanto, si no habéis sido fieles en el uso de las riquezas injustas, ¿quién os confiará las riquezas verdaderas?" (Lucas 16:11 La Biblia de las Américas). La gente se refiere al dinero como si fueran las riquezas verdaderas, pero el dinero no es nada comparado con la salud. La gente paga millones de dólares en un esfuerzo para estar bien. Cualquier persona que alguna vez haya estado muy enferma puede decirte que la salud no tiene precio.

Algunas personas piensan que después de que sean sanadas, o que su matrimonio se restaure, o que sean liberados de la depresión, entonces empezarán a ser fieles administradores de sus finanzas. Quieren recibir una bendición mayor antes de que empiecen a confiar en Dios respecto a las bendiciones de menor importancia. No puedes hacer eso. Tú tienes que empezar con lo poco y avanzar desde allí.

Sería tonto tratar de tener fe en Dios para ser sanado de cáncer y sin embargo no confiar en Él en cuanto a tus finanzas. Por decir lo menos tú te vas a sentir frustrado o desilusionado si no ves que tu cuerpo sana. O lo que es peor, tú podrías amargarte y podrías pensar que la fe no funciona o que la Palabra de Dios no es verdad. No, la fe sí funciona y Dios quiere que estés sano, pero la fe es la confianza puesta en Dios. Si tú no confías en Dios en cuanto a tus finanzas, entonces tú probablemente no serás capaz de confiar en el hecho de que Jesús ya pagó el precio por tu sanidad. La Palabra dice que no puedes servir a dos amos. No puedes confiar en ti en cuanto al dinero y por otro lado tratar de confiar en Dios en relación a todo lo demás.

No estoy diciendo estas cosas para lastimar a nadie—las estoy diciendo para iluminarte. Si tú has permanecido firme en la fe para recibir sanidad y no has visto ninguna manifestación física, ésta podría ser la razón. Reflexiona acerca de la manera como manejas tus finanzas: ¿Estás confiando en Dios en cuanto a tus finanzas? Si no es así, entonces no tienes que seguir tratando de explicarte por qué no has recibido la sanidad. No es conveniente dividir tu fe de manera que estés tratando de confiar en Dios en un área, pero no en las otras. Si vas a confiar en Dios, entonces confía totalmente en Él. El mismo Dios que prometió la vida eterna cuando tú confiesas a Jesucristo como tu Señor, y crees en tu corazón que Dios lo levantó de entre los muertos (Romanos 10:9), también dijo "da y se te dará".

Imagínate que yo tuviera los recursos para prometer que le regresaría $1,000.00 dólares a todo aquel que me enviara $10.00 dólares. Si tú verdaderamente creyeras que lo que estoy diciendo es la verdad, entonces serías un tonto si no me mandaras $10.00 dólares. No importaría en qué situación económica estuvieras, tú podrías encontrar $10.00 dólares. Si tú verdaderamente creyeras que yo soy un hombre de palabra, sería tonto que no invirtieras $10.00 dólares para poder recibir $1,000.00 dólares. Inclusive si estuvieras viviendo en la calle encontrarías la manera de darme diez dólares, Yo creo que todo el mundo entiende eso. Pues bien, las Escrituras dicen lo mismo:

> *Dad, y se os dará; medida buena, apretada, remecida y rebosando darán en vuestro regazo; porque con la misma medida con que medís, os volverán a medir.*

LUCAS 6:38

Jesucristo también dijo que a cualquiera que sacrifique su casa o su familia se le recompensará *en este tiempo* cien veces más aquello que sacrificó, y también se le dará el don de la vida eterna (Marcos 10:30). Si tú verdaderamente crees las promesas de Dios, entonces ¿por qué no dar parte de tu dinero con la confianza de que Él te dará mucho más de lo que tú diste? Una de las promesas de Dios es que Él te volverá a dar con abundancia, así que si no estás dando quiere decir que tú realmente no crees en las promesas de Dios.

Podría mencionar muchos versículos que hablan de que Dios te bendice y te prospera cuando das; es un principio establecido en la Palabra de Dios. La gente se está engañando a sí misma cuando dice que está confiando y teniendo fe en Dios pero no están dando donativos de dinero. Si tú no le estás dando a Dios, entonces una de dos, o no conoces sus promesas que dicen que Él te corresponderá, o en realidad no crees que esas promesas sean verdad.

La falta de confianza en el área de las finanzas obstaculizará tu relación con el Señor. Permíteme expresarlo de esta manera: yo no conozco ni un cristiano maduro que no diezme y que no dé donativos. Todas las personas que yo conozco que se han comprometido totalmente con el Señor confían en Dios en cuanto a sus finanzas. En cambio, podría darte muchos ejemplos de personas que no confían en Dios en cuanto a sus finanzas, y su relación con Dios anda subiendo y bajando como un yoyo. No han aprendido a confiar en Dios en cuanto a sus finanzas, y por lo tanto no tienen estabilidad en sus vidas. La conclusión a la que yo he llegado es que las gentes que no confían en Dios en cuanto a sus finanzas no son cristianos maduros y estables—y tú no serás estable hasta que empieces a confiar en Dios en esta área. Nada más acuérdate que sembrar y cosechar lleva tiempo. Asimismo, aprender a confiar en Dios en cuanto a tus finanzas y avanzar hacia la madurez y la estabilidad en esta área es un proceso.

Esto no es nada más para la gente que quiere ser extremista. Esto es para los cristianos principiantes. Tú no puedes madurar verdaderamente y vivir abundantemente en la bendición de Dios hasta que empieces a confiar en Él en cuanto a tus finanzas.

El mismo Dios que prometió que te salvaría y que te daría vida eterna también prometió que te haría prosperar económicamente. Es tener doble ánimo (Santiago 1:7-8) decir que tú pondrás tu confianza en Dios en cuanto a tu salvación eterna, pero que no confiarás en Él lo suficiente como para dar y verte a ti mismo como un administrador de los recursos de Dios.

UNA RAZÓN POR LA QUE TANTOS CRISTIANOS ESTÁN ATORADOS EN SU RELACIÓN CON EL SEÑOR ES QUE NO HAN EMPEZADO A CONFIAR EN DIOS EN EL ÁREA DE LAS FINANZAS.

La prosperidad es una parte de nuestra salvación. La Palabra dice que Jesucristo se hizo pobre, para que mediante su pobreza, nosotros lleguemos a ser ricos (2 Corintios 8:9 Nueva Versión Internacional). Algunas personas tratan de espiritualizar este versículo y dicen que está hablando de prosperidad emocional, pero el contexto de este versículo se refiere a las finanzas. Sí, es verdad que Jesucristo vino para enriquecernos emocionalmente, pero el contexto de este versículo habla de las finanzas. Sí, Jesucristo vino para enriquecernos emocional y espiritualmente, pero Él también vino para proveer a nuestras necesidades. Jesucristo se hizo pobre, para que mediante su pobreza, nosotros lleguemos a ser ricos.

No podemos escoger en qué partes de la Palabra vamos a creer. No escuches a aquellos que están tratando de espiritualizar todos los versículos sobre las finanzas y que pretenden que el dinero no tiene importancia—sí importa. Es más, Jesucristo le dijo al joven prominente que si él no podía confiar en Dios en cuanto a sus necesidades económicas, entonces no podría confiar en Dios en cuanto a su salvación. Jesucristo usó las finanzas para mostrarle al joven prominente su verdadera actitud. Jesús dijo que si no somos fieles en lo poco, entonces no seremos fieles en algo mayor. Confiar en Dios en cuanto a tus finanzas es donde empiezas. Escucha la historia del joven prominente:

LA ADMINISTRACIÓN DE LAS FINANZAS

Al salir él para seguir su camino, vino uno corriendo, e hincando la rodilla delante de él, le preguntó: Maestro bueno, ¿qué haré para heredar la vida eterna? Jesús le dijo: ¿Por qué me llamas bueno? Ninguno hay bueno, sino sólo uno, Dios.

MARCOS 10:17-18

Algunas veces leemos las Escrituras pero lo hacemos sin tomar el tiempo necesario para reflexionar lo suficiente para que puedan ejercer su influencia sobre nosotros. Trata de imaginarte esa situación. Jesucristo fue un reformador controversial en su época. Los escribas y los fariseos habían determinado que cualquiera que reconociera a Jesucristo como el Mesías sería expulsado de la sinagoga, por lo tanto habría persecución para aquellos que se asociaran con Jesucristo. Sin embargo ese joven prominente corrió y se postró a los pies de Jesús diciendo: "Maestro bueno, ¿qué haré para heredar la vida eterna?"

Ese joven se había comprometido hasta cierto punto, pues estuvo dispuesto a postrarse a los pies de Jesucristo de esa manera. A él lo pudieron haber expulsado de la sinagoga. Seguramente se burlaron de él. El hecho de que reconociera a Jesucristo como lo hizo lo ponía en una situación comprometedora. Imagínate que estás sentado en una de mis reuniones cuando de repente alguien corre y se postra a mis pies y dice: "¿Cómo puedo ser salvo?" La mayoría de la gente pensaría: "¡Oh! Este joven es muy sincero". Pero Jesucristo reconoció que ese joven no era todo lo que aparentaba ser. Él en realidad no estaba dispuesto a comprometerse con el Señor, a pesar de que había hecho una demostración tan pública.

El hombre mira lo que está delante de sus ojos, pero Jehová mira el corazón (1 Samuel 16:7). Jesucristo era Dios en la carne, y Él no se dejaba influenciar por las apariencias. Las acciones del joven parecían buenas, pero en su corazón había error, y Jesús lo sabía, así que dijo: "¿Por qué me llamas bueno?" En ese tiempo "maestro" era una palabra de respeto; que se usaba como ahora usamos "Señor" o "Señora". No significaba que el joven se estaba sometiendo a Él. Jesucristo fundamentalmente dijo: "Mira, tú me estás llamado maestro, pero tienes que hacer más que eso. Tienes que recibirme como Señor y aceptarme como Dios. Así que ¡o me llamas Dios o deja de llamarme bueno!"

Jesucristo tenía que ser Dios para poder expiar el pecado de ese joven. El sacrificio de un hombre no tiene más valor que la vida de un hombre; Él tenía que ser Dios manifestado en la carne (1 Timoteo 3:16). Jesucristo había estado diciendo que Él era Dios. Él se llamó a Sí mismo Dios y se refirió a sí mismo como el Hijo de Dios. Él también dijo que tenemos que honrarlo de la misma manera como honramos al Padre (Juan 5:23), pero el joven no estaba honrando a Jesucristo como Dios.

Hoy algunas personas que dicen que Jesucristo fue un gran profeta, pero no lo reconocen como el Hijo de Dios. Otros quieres promover a Jesús como un gran ejemplo de amor, pero no como Dios. Ésta es exactamente la misma actitud que el joven ilustre tenía. Contrario a esos puntos de vista, Jesucristo dijo: "Yo soy el camino, la verdad, y la vida, nadie viene al Padre sino por mí" (Juan 14:6). O Jesucristo era el Hijo de Dios o era un mentiroso—no hay otras opciones. Nuestras opciones hoy son las mismas que tenía el joven gobernante: ¡O reconoces que Jesucristo es Dios o dejas de llamarlo bueno! Aquí esta lo que el joven prominente decidió hacer:

> *Él entonces, respondiendo, le dijo: Maestro, todo esto lo he guardado desde mi juventud.*

> MARCOS 10:20

¡Él omitió el adjetivo *bueno*! Te das cuenta, él nunca creyó que Jesucristo fuera Dios manifiesto en la carne. Él creía que Jesucristo podía ofrecerle algo que él quería, pero no estaba dispuesto a llenarse de humildad y reconocer a Jesucristo como su Señor. Como sabemos Jesucristo le dijo al joven que guardara los mandamientos, y el joven tuvo la audacia de decir que él los había guardado desde su juventud (Marcos 10:20). Nunca ha habido alguien que haya guardado todos los mandamientos (Romanos 3:23).

El Nuevo Testamento revela que no son nada más tus acciones lo que cuenta, sino lo que está en tu corazón. Si has estado enojado con alguien sin causa, eres culpable de juicio (Mateo 5:21-22). Si has deseado a alguien o has codiciado lo que tiene, entonces eres culpable de lujuria, adulterio, y codicia (Mateo 5:27-28). Así que no se trata solamente de si actúas y físicamente desobedeces los mandamientos. Si tú has codiciado estas cosas en tu corazón, entonces eres culpable.

Ese hombre se estaba engañando a sí mismo al pensar que había guardado todos los mandamientos. Yo creo que una de las razones principales por la cual el Señor le dijo que vendiera todo lo que tenía y que se lo diera a los pobres fue que el primer mandamiento es "No tendrás dioses ajenos delante de mí" (Éxodo 20:3). La fortuna de ese joven era su Dios. Él prefería tener su dinero y lo que su dinero podía comprar que tener a Dios. Él quería guardar todo su dinero porque codiciaba todas las cosas que el dinero podía darle, lo cual viola el último mandamiento: "No codiciarás" (Éxodo 20:17). Yo creo que Jesucristo le estaba mostrando al joven que había violado el primero y el último mandamiento, y probablemente todos los demás. Fíjate cómo respondió Jesucristo después de que el joven afirmó que había guardado todos los mandamientos:

Entonces Jesús, mirándole, le amó, y le dijo: Una cosa te falta: anda, vende todo lo que tienes, y dalo a los pobres, y tendrás tesoro en el cielo; y ven, sígueme, tomando tu cruz.

MARCOS 10:21

Jesucristo amó al joven. Él no dijo estas cosas porque estuviera enojado. Él no estaba tratando de lastimarlo ni de alejarlo al darle una tarea imposible. No, Jesucristo amó a ese hombre y quería ayudarlo. El hombre en su corazón estaba confiando en el dinero, y Jesús estaba tratando de ayudarlo a que dejara de confiar en esas cosas y a que pusiera su confianza en Dios.

Tú podrías pensar que he sido insensible por algunas de las cosas que he dicho en cuanto a confiar en Dios respecto a tus finanzas.

Quizá pareciera que yo no entiendo cuán difícil es tu situación, o que no me importa. Pero sí me importa; ¡ésa es la razón por la que escribí este libro! Estoy tratando de ayudar a sacarte de la pobreza y de la crisis económica. Estoy tratando de ayudarte a que dirijas tu confianza hacia el Señor para que así puedas empezar a recibir la prosperidad por fe en vez de que dependas de ti mismo y que te estreses. Es exactamente la misma motivación que Jesucristo tuvo respecto al joven prominente.

Cuando el joven escuchó que Jesucristo le pidió que vendiera todo lo que tenía y que diera las ganancias a los pobres, él se puso cabizbajo y se alejó. Sabía en su corazón que no podía hacerlo. Después de que el hombre se fue, los discípulos empezaron a hacerle preguntas a Jesucristo acerca de lo que Él acababa de enseñar respecto al dinero. Finalmente, Jesucristo les dijo:

> *De cierto os digo que no hay ninguno que haya dejado casa, o hermanos, o hermanas, o padre, o madre, o mujer, o hijos, o tierras, por causa de mí y del evangelio, que no reciba cien veces más ahora en este tiempo; casas, hermanos, hermanas, madres, hijos, y tierras, con persecuciones; y en el siglo venidero la vida eterna.*

MARCOS 10:29-30

Jesucristo dijo esto justamente después de que vio partir al joven ilustre. Dicho en otras palabras, si el hombre hubiera vendido todo lo que tenía y se lo hubiera dado a los pobres, él habría recibido una ganancia cien veces mayor en esta vida. Jesucristo no estaba tratando de quitarle algo. Él hubiera bendecido al hombre cien veces más. Tú eres un administrador, y de todas maneras el dinero que tienes no es tuyo, pero Dios nunca va a permitirte que tú le des más de lo que Él te da.

La respuesta negativa del joven rico para vender sus cosas reveló la verdadera condición de su corazón. Su confianza en el dinero era un obstáculo en su relación con Dios—el dinero era su dios. Asimismo si algunas de las cosas que estoy diciendo te irritan, probablemente es porque no tienes la actitud correcta en cuanto a este asunto. Así como Jesucristo usó el dinero para revelar la actitud del hombre rico, tú puedes ver lo que hay en el corazón de una persona al observar la manera como maneja su dinero.

Jesucristo no les pidió a todas las personas ricas que conocía que vendieran todo lo que tenían. Él fue a la casa de un recaudador de impuestos muy rico que se llamaba Zaqueo y nunca habló de dinero—y los recaudadores de impuestos ganaban mucho dinero robándole a la gente. Zaqueo decidió darle la mitad de sus bienes a los pobres y remunerar cuatro veces cualquier cantidad de dinero que hubiera robado, pero Jesucristo no le pidió que hiciera esas cosas; Zaqueo las hizo voluntariamente. Jesucristo no les pidió a todas las personas que vendieran todo lo que tenían porque el meollo del asunto no es el dinero—el asunto es si estás confiando en el dinero en vez de confiar en Dios.

Dios nos da dinero porque lo necesitamos para funcionar en este mundo. Lo usamos para comprar cosas que cubran nuestras necesidades, pero el dinero no es lo que provee para nosotros. La pregunta es si tú estás poniendo tu confianza en Dios como la fuente de tu provisión, o si estás operando con base en el temor y estás confiando en el dinero en sí. El dinero es un sistema de intercambio; Dios es nuestro proveedor.

Muchos cristianos dicen: "Mi confianza está en Dios", pero tú puedes darte cuenta de la actitud de su corazón observando su manera de dar. ¿Son personas que son fieles para dar, o están acaparando todo lo que obtienen? Jesucristo le dijo al joven rico que vendiera todo lo que tenía porque estaba tratando de revelar la condición de su corazón. Si hoy Jesucristo todavía estuviera en la tierra en su cuerpo físico, Él nos estaría preguntando si nuestra confianza está en la bolsa de valores, y las pensiones. Él estaría

DIOS NO PIDE LOS DIEZMOS Y LAS OFRENDAS PORQUE ÉL NECESITE TU DINERO. ÉL LOS PIDE PORQUE QUIERE QUE APRENDAS A CONFIAR EN ÉL CON TODO TU CORAZÓN, Y LAS FINANZAS SON EL PRIMER PASO EN ESA DIRECCIÓN.

exhortándonos para que manejemos nuestras finanzas como administradores, y que pongamos nuestra confianza en Dios.

El deseo del corazón de Dios es estar involucrado en todas las áreas de tu vida. Él no quiere solamente ser parte de tu vida una hora cada semana en la iglesia. Él no quiere una migaja de tiempo de vez en cuando. Él te quiere por completo, y el área más predominante de tu vida son las 40, 50 o 60 horas por semana que te pasas ganándote la vida. La manera como Dios hace que confíes en Él en esta área de tu vida es pidiéndote que le regreses a Él una porción de lo que ganas, y a cambio Él promete bendecirte. Eso te ayuda a recordar que el poder para obtener la riqueza viene de Dios, y te enseña a confiar en que Dios es la verdadera fuente de tu prosperidad.

Mucha gente no va a seguir la guía de Dios porque tienen temor—especialmente en cuanto a ganar un ingreso—pero tú tienes que creer en Dios. Tienes que confiar en que Dios verdaderamente se interesa por ti y que Él va a hacerte prosperar y a cuidar de ti. Las finanzas son el uso más elemental de tu fe. Esto no es para los "super santos". Los cristianos inmaduros deberían empezar a confiar en Dios en cuanto a sus finanzas. Una razón para esto es que tú no tendrás la confianza para actuar y hacer las cosas que Dios te ha pedido que hagas hasta que puedas confiar que Él es la fuente de tus recursos.

Algunas veces tenemos temor de actuar con confianza y hacer lo que Dios nos está indicando, pero la bendición en nuestra vida se encuentra al hacer lo que Dios nos pidió que hiciéramos. Cuando mi esposa y yo verdaderamente empezamos a tener valor y a confiar en Dios en cuanto a nuestras finanzas, vimos que el Señor nos ayudó vez tras vez. Podría fácilmente pasarme horas contando anécdotas de las milagrosas provisiones de dinero que Dios hizo en mi vida. De veras, el empezar a ver que Dios nos estaba haciendo prosperar y sacando de la pobreza, me afectó de tal manera que no puedo ni describirlo. Mi fe en Dios se fortaleció. Yo creo que una parte importante de la resurrección de mi hijo, y de los otros incontables milagros que he visto, fue que aprendí a confiar en Dios en el área de las finanzas. Si no hubiera hecho lo elemental, no hubiera podido ver que esas cosas mayores se manifestaran.

EL TESORO ESCONDIDO
Capítulo 4

A l ver el mundo que nos rodea, podemos ver que el dinero tiene poder. Es obvio que te capacita para hacer cosas que de otra manera no podrías hacer, y te da un cierto nivel de respeto. Por ejemplo, cuando un hombre rico entra en algún lugar, su posición económica le da una cierta autoridad que una persona pobre que se encuentre en ese mismo lugar no tiene. El peligro es que a menos que seas cuidadoso, tú podrías empezar a confiar más en el poder del dinero que en el poder de Dios. El Señor está consciente de esta tentación y es por eso que Él dijo muchas cosas respecto a las finanzas. En una de sus enseñanzas Jesucristo dijo:

No os hagáis tesoros en la tierra, donde la polilla y el orín corrompen, y donde ladrones minan y hurtan; sino haceos tesoros en el cielo, donde ni la polilla ni el orín corrompen, y donde ladrones no minan ni hurtan: Porque donde esté vuestro tesoro, allí estará también vuestro corazón.

MATEO 6:19-21

Esto es interesante; dice que en tu corazón es donde está tu tesoro—lo cual quiere decir que ¡tú puedes decir qué es lo que más le interesa a una persona observando en qué gasta su dinero! Este versículo ilustra el punto que Jesucristo estaba estableciendo en su conversación con el joven rico cuando le dijo que vendiera todos sus bienes. Jesucristo estaba diciendo: "Si verdaderamente me amas y confías en Mí más que en tu dinero, entonces pon tu tesoro en el cielo". El joven no lo hizo porque su tesoro—y su corazón— estaban en las riquezas terrenales. Por supuesto, nosotros sabemos que el Señor hubiera bendecido al hombre aun con más riquezas que las que él hubiera regalado, así que Dios no estaba tratando de quitarle algo. Jesucristo solamente estaba tratando de hacer que el hombre pusiera toda su confianza en Dios y que dependiera de Él.

Hoy la iglesia no predica acerca de las finanzas como lo hizo Jesucristo. Se escucha muy poca enseñanza en cuanto al dinero, y casi siempre la motivación es hacer que se den donativos y que se recauden fondos para los ministerios o los proyectos. La motivación principal que debería estar en el fondo de la enseñanza de las finanzas debería ser que si no eres fiel en lo poco, tampoco serás fiel en las cosas mayores. Después de que el joven rico se alejó resistiéndose a separarse de su dinero, el Señor dijo:

> *Entonces Jesús, mirando alrededor, dijo a sus discípulos: ¡Cuán difícilmente entrarán en el reino de Dios los que tienen riquezas! Los discípulos se asombraron de sus palabras; pero Jesús, respondiendo, volvió a decirles: Hijos, ¡cuán difícil les es entrar en el reino de Dios, a los que confían en las riquezas!*

MARCOS 10:23-24

Tú podrías decirlo de esta manera: "Qué difícil es para la gente rica ser vuelta a nacer" ¡Qué declaración tan asombrosa!, con razón los discípulos estaban asombrados. Pero Jesucristo aclaró su afirmación diciendo: "¡Cuán difícil es para los que confían en las riquezas…!" Él no estaba diciendo que el dinero en sí dificulta la salvación. Él estaba diciendo que tener mucho dinero puede ser algo que engañe a la gente y la haga poner su confianza en el dinero, en vez de en Dios. El dinero no es el problema—el problema es en qué pones tu confianza.

¿Estás poniendo tu confianza en el dinero o en el Señor? Es una pregunta que cada persona debería hacerse a sí misma. Todos queremos decir: "Oh sí, estoy confiando en el Señor", pero tú tienes que hacer algo más que sólo decirlo. Como dice la epístola de Santiago, "la fe sin obras está muerta" (Santiago 2:26).

Tú puedes decir qué es lo que más le interesa a una persona observando en qué gasta su dinero. Alguien que verdaderamente está confiando en el Señor lo demostrará al diezmar y dar donativos de sus recursos. Repito, el quid del asunto no es el dinero—es en qué estás poniendo tu confianza. Aquel a quien sirvas se convertirá en tu amo (Romanos 6:16), y poner tu confianza en los recursos económicos te hace un esclavo del dinero.

Mientras que servir al dinero te esclaviza, la Biblia está llena de ejemplos que demuestran que Dios bendice a sus siervos abundantemente. Isaac y Abraham eran tan prósperos que unos reyes les pidieron que dejaran sus tierras porque ésta no podía sostener su riqueza (Génesis 26:16). Jacobo fue inclusive más prospero que Abraham o Isaac. David empezó su vida siendo el más insignificante de su familia, cuya principal responsabilidad era cuidar las ovejas de su padre, pero Dios lo hizo rey de Israel. David se hizo tan rico que en un día él dio una ofrenda de $6,000 millones de dólares para la construcción del templo. Su hijo Salomón fue incluso más prospero.

El Señor sabe lo mucho que dependemos del dinero. Él sabe lo temerosos que podemos sentirnos en cuanto a las finanzas. La gente reconoce que el dinero les da poder. Los capacita para poner comida en la mesa y para cubrir sus gastos, así que piensan que dar dinero hace que pierdan ese poder. Piensan que si dan pierden influencia en la vida. Pero Dios conoce nuestra condición (Salmo 103:14): Él sabe que somos propensos al temor en el área de las finanzas, y ésa es la razón por la que Él hizo tantas promesas para hacernos prosperar cuando confiamos en Él.

Una vez que tomes la iniciativa y que empieces a confiar en Dios, te darás cuenta de que las finanzas son el propósito más elemental de tu fe, y empezarás a ver la provisión sobrenatural de Dios. Se incrementará tu fe y empezarás a poner tu fe en Dios para cosas mayores y mejores. Por otro lado si tú nunca aprendes a confiarle a Dios tus finanzas siempre sentirás que tu confianza en Él es débil. En algún momento, cuando te encuentres en una situación difícil, tratarás de mantenerte firme para recibir un milagro y éste no se manifestará porque tienes dudas persistentes. Tu propio corazón te condenará y te dirá: "Tú nunca creíste en las promesas de Dios que dicen 'da y se te dará', ¿cómo puedes confiar en las palabras de esta página sobre la sanidad? ¿Qué te hace pensar que por la llaga de Jesucristo eres sano?"

Fíjate que yo no dije que Dios te condenará—la condenación no viene de Dios. Dios nunca te niega su poder hacedor de milagros con base en tu comportamiento o tu historial de donativos. Pero si tú te estás condenando a ti mismo, y tu corazón está dividido en cuanto a si Dios verdaderamente desea el bien para ti o no, entonces a ti se te dificultará creer en Él—y la fe es la manera como recibimos de Dios. ¿Te das cuenta?, el peligro con el dinero es que puedes llegar al punto en que confías más en lo que el dinero puede hacer por ti que en lo que Dios puede hacer por ti. Entonces, cuando te topes con un problema que el dinero no puede resolver, sentirás que el mundo se te cae encima. Dios estará presente para ayudarte, pero tú no habrás aprendido a confiar en su capacidad para librarte. Ésta es una de las principales razones por las que es importante dar: es importante porque el proceso para aprender a confiar en Dios empieza con tus finanzas.

Otra palabra que podemos usar en vez de confianza es seguridad. Tener seguridad en algo significa confiar en ese algo. El diccionario define seguridad como circunstancia de ser segura la realización de una cosa, como en: "Podemos tener completa seguridad en las promesas de Dios".[1] Eso es lo que la palabra "confianza" significa. ¿En qué estás basando tu seguridad? ¿Estás basando tu seguridad en tu dinero, o estás basando tu seguridad en Dios? Pensar así: "Quiero dar, pero no puedo; necesito este dinero", significa que tu esperanza está en las riquezas. Después de que Jesucristo les dijo a sus discípulos que es difícil entrar en el reino de Dios si tu confianza está en las riquezas, Él dijo:

> *Más fácil es pasar un camello por el ojo de una aguja, que entrar un rico en el reino de Dios. Ellos se asombraban aun más, diciendo entre sí: ¿Quién, pues, podrá ser salvo?*

MARCOS 10:25-26

Los discípulos estaban asombrados, pero esta declaración verdaderamente los alarmó. ¡Ahora ellos pensaban que nadie podía ser salvo! Jesucristo dijo que es más fácil que un camello pase por el ojo de una aguja que un hombre que confía en las riquezas sea salvo. Él estaba enfatizando la importancia de entregarle nuestras finanzas a Dios y de confiar en Él como la fuente de nuestros recursos; sin embargo mucha gente hoy en día no está reconociendo el énfasis que Jesucristo puso en que confiemos nuestras finanzas a Dios.

Hay una anécdota popular que ha circulado y que trata de dar otra interpretación a lo que Jesucristo quiso decir en esta enseñanza. Quizá tú mismo has escuchado esta historia. Supuestamente, "el ojo de una aguja" era una puerta especial en la ciudad de Jerusalén. Durante el día, según cuenta la historia, unas puertas grandes en los muros de la ciudad se abrían, pero por la noche esas puertas grandes se cerraban y la única manera para pasar a la ciudad era a través de las compuertas pequeñas que tenían las puertas. Supuestamente, la puerta más pequeña se llamaba "el ojo de una aguja" y para poder hacer que pasara un camello tenían que descargarlo y hacer que pasara de rodillas. Dicho en otras palabras, pasar a un camello por "el ojo de una aguja" era una tarea difícil, pero no imposible. Es una anécdota genial, pero no existió tal puerta.

De hecho, tengo un relato gracioso al respecto. Cuando estuve en Israel le pedí a nuestro guía de turistas que nos mostrara "el ojo de la aguja". Primero el guía me dijo que estaba por otro camino, y que no teníamos tiempo para ir a verlo. Continué insistiendo, y él continuó ignorándome. Finalmente, le pregunté: "¿Verdaderamente hay una puerta que se llame "el ojo de una aguja"? "No", contestó, "no la hay". Le pregunté por qué no me lo dijo al principio y me explicó que los guías de turistas en Israel están entrenados para que se aseguren que los turistas tengan una experiencia maravillosa—pero no forzosamente para que les digan la verdad.

El guía me dijo que una vez él tuvo un grupo de excursionistas que le insistían pidiéndole que los llevara a ver la zarza ardiente de la historia de Moisés. Él se acordó de un arbusto que la semana anterior se había quemado atrás de una gasolinera, así que le pidió al conductor del autobús que se detuviera en la gasolinera. Todos se bajaron del autobús y él les dijo a los turistas que esa planta chamuscada que estaba atrás de la gasolinera ¡era la zarza ardiente de Moisés! Él me dijo que los turistas hicieron una fila para tomarse fotos junto a esa planta chamuscada. Esas personas de verdad creyeron que era la misma zarza que ardió en frente de moisés hace miles de años—sin tomar en cuenta que la razón por la que Moisés se acercó a inspeccionar el arbusto fue que éste no estaba siendo consumiendo por las llamas.

El ojo de una aguja no era una puerta, como tampoco la planta chamuscada que estaba atrás de una gasolinera era la zarza de Moisés que ardía. Jesucristo estaba hablando literalmente del ojo de una aguja. Él no estaba diciendo que es difícil para los que confían en las riquezas entrar en el reino de Dios—Él estaba diciendo que es *imposible*. Es por eso que los discípulos estaban asombrados y preguntándose si había alguien que pudiera ser salvo. De hecho, Jesucristo específicamente dijo que era imposible:

> *Entonces Jesús, mirándolos, dijo: Para los hombres es imposible, mas para Dios, no; porque todas las cosas son posibles para Dios:*

MARCOS 10:27

El meollo del asunto es que no puedes evadir la cuestión de confiar a Dios tus finanzas. Éste es el primer paso. Confiar a Dios tus finanzas es el uso más elemental de tu fe, y si tú no eres fiel con lo menos, entonces no serás fiel en lo más. En mi propia vida, yo no podría estar haciendo las cosas que estoy haciendo ahora si yo no hubiera empezado a confiar en Dios respecto a mis finanzas.

Yo creo que Dios tiene un plan para cada cristiano, y creo que sus planes son más grandiosos que nuestros sueños. Yo no creo que haya alguien que haya sobrepasado los planes de Dios para su vida. Dios hará grandes cosas, pero tú tienes que confiar en Él. Uno de los primeros pasos es convertirte en un administrador confiable de los recursos de Dios. Una vez que empieces a confiar en Dios respecto a lo que se puede ver—como el dinero—entonces tú podrás confiar en Él respecto a lo invisible: la salud, la paz, el gozo, la prosperidad, y el favor de Dios en tu vida.

He mencionado la parábola del mayordomo infiel un par de veces, pero ahora quiero considerar lo que Jesucristo estaba enseñando. Esta parábola es una de las enseñanzas de Jesucristo más difíciles de entender. Tienes que tener una buena revelación respecto a la prosperidad antes de que puedas descifrar el significado de lo que el Señor estaba diciendo aquí. Yo creo que esta parábola marcará una gran diferencia en tu manera de ver y usar el dinero. La parábola empieza así:

> **UNA VEZ QUE EMPIECES A CONFIAR EN DIOS RESPECTO A LO QUE SE PUEDE VER—COMO EL DINERO—ENTONCES TÚ PODRÁS CONFIAR EN ÉL RESPECTO A LO INVISIBLE: LA SALUD, LA PAZ, EL GOZO, LA PROSPERIDAD, Y EL FAVOR DE DIOS EN TU VIDA.**

> *Dijo también a sus discípulos: Había un hombre rico que tenía un mayordomo, y éste fue acusado ante él como disipador de sus bienes. Entonces le llamó, y le dijo: ¿Qué es esto que oigo acerca de ti? Da cuenta de tu mayordomía, porque ya no podrás más ser mayordomo.*

> LUCAS 16:1-2

O sea que un hombre rico tenía a alguien que le administraba su dinero. Ese hombre rico pensó que el mayordomo le estaba robando, o que de alguna manera no estaba administrando bien sus fondos, así que le pidió cuentas al mayordomo.

> *Entonces el mayordomo dijo para sí: ¿Qué haré? Porque mi amo me quita la mayordomía. Cavar, no puedo; mendigar, me da vergüenza.*

> LUCAS 16:3

Puedes darte cuenta por la reacción del mayordomo que él era culpable. Él no trató de comprobar su inocencia ni de defenderse a sí mismo de alguna manera. Él sabía que cuando su amo viera los registros financieros, lo iban a despedir. Esencialmente estaba admitiendo su culpa. Así que el mayordomo dijo: "¿Qué haré? Cavar, no puedo". Es probable que no fuera verdad que no pudiera cavar. Es probable que sea más correcto decir que él no *quería* cavar.

Esto pone de relieve un buen punto: no todo aquel que tiene problemas financieros es una persona floja, pero la gente floja por lo general tiene problemas de dinero. Están buscando una salida fácil. Están esperando ganarse la lotería o algo así. Así no funciona el sistema de Dios. Si tú estás esperando prosperar por medio de la lotería, entonces tú tienes una actitud errónea respecto a las finanzas. La lotería no es algo pecaminoso necesariamente, por así decirlo, pero es una transigencia. Tener la esperanza de enriquecerse rápidamente nunca es el sistema de Dios para la prosperidad. Aunque tuvieras mucha suerte y te sacaras el gordo, las Escrituras dicen que las riquezas que se obtienen por medio de la vanidad disminuirán.[2] El objetivo de la prosperidad no es obtener dinero de cualquier manera que puedas—hay una manera correcta y una incorrecta de hacerlo.

Estoy seguro que ese mayordomo podría haber encontrado un trabajo si hubiera querido, pero esa no era su manera de pensar. Él no quería trabajar para ganarse su dinero. Él quería robárselo, heredarlo, o adquirirlo de alguna manera sin esfuerzo. Siempre estaba maquinando algo, en vez de tener fe en que Dios bendeciría su trabajo. Después de que concluyó que no quería buscar un trabajo él dijo: "Me da vergüenza mendigar". Es una lástima que no le diera vergüenza robar—¡quizá hubiera conservado su empleo! Después de que descartó la posibilidad de trabajar y mendigar, el mayordomo dio con un ardid que le gustó:

> *Ya sé lo que haré para que cuando se me quite de la mayordomía, me reciban en sus casas. Y llamando a cada uno de los deudores de su amo, dijo al primero: ¿Cuánto debes a mi amo? Él dijo: Cien barriles de aceite. Y le dijo: Toma tu cuenta, siéntate pronto, y escribe cincuenta. Después dijo a otro: Y tú, ¿cuánto debes? Y él dijo: Cien medidas de trigo. Él le dijo: Toma tu cuenta, y escribe ochenta.*

LUCAS 16:4-7

Esta parábola solamente menciona dos deudores, pero yo creo que los mismos se mencionan como ejemplos de lo que el mayordomo hizo. El hombre rico no hubiera necesitado que un mayordomo administrara sus finanzas si solamente dos personas le debían dinero, así que tengo la seguridad de que mucha gente le debía. Estos ejemplos muestran que el mayordomo llamó a todos los que le debían a su amo y les redujo sus deudas en grandes porcentajes. Él les dio descuentos a todos. Él era muy flojo para trabajar y muy orgulloso para mendigar, así que continuó robando dinero—pero en vez de poner el dinero en su bolsillo, él puso el dinero en los bolsillos de las personas que le debían dinero a su amo.

Yo no sé cuál era el valor de cien barriles de aceite, pero estoy seguro que era mucho dinero. El mayordomo probablemente redujo la deuda de ese hombre en decenas de miles de dólares de los de hoy, y él hizo lo mismo con todos los que estaban en deuda con su amo, lo cual significa que quizá hubo docenas o hasta centenas de personas que se ahorraron miles de dólares por los descuentos del mayordomo. La idea era que cuando despidieran al mayordomo él pudiera buscar a todos esos deudores y decirles: "Oye, ¿te acuerdas que te ahorré miles de dólares? Pues bien, por ahora no tengo trabajo. ¿Puedes darme una mano?" Todas esas personas iban a sentir que estaban en deuda con él, o que eran responsables de que hubiera perdido su empleo, y así él podría gorronear a expensas de ellos en vez de conseguir un empleo.

Hasta este punto, la parábola no es difícil de entender; se trata de un hombre que no usó correctamente el dinero de su amo y que iba a ser despedido por eso. No sabemos si de hecho estaba robando o si nada más era un mal administrador, pero de cualquier manera lo iban a despedir. Así que él fundamentalmente usó el dinero de su amo para sobornar a la gente. Él usó el dinero de su amo para influenciar a la gente y ganarse favores. La gente le roba dinero a sus patrones todo el tiempo, así que no hay nada que hayamos leído que sea algo fuera de lo común. Lo que es insólito respecto a esta historia es la respuesta del amo:

LA ADMINISTRACIÓN DE LAS FINANZAS

Y alabó el amo al mayordomo malo por haber hecho sagazmente; porque los hijos de este siglo son más sagaces en el trato con sus semejantes que los hijos de luz.

LUCAS 16:8

El simple hecho de que el amo hubiera encontrado alguna razón para alabar al mayordomo dice mucho respecto a la actitud del amo en cuanto al dinero. Piensa en esto, ¿tú elogiarías a alguien a quien descubrieras robándote? Si tú llegaras a casa una noche y descubrieras a un ladrón que está de pie en tu sala y que tiene una funda de almohada llena con tus cosas de valor, ¿le dirías: "¡Hombre, estás haciendo una labor estupenda!?" ¿Elogiarías al ladrón porque burló tu sistema de seguridad y te pilló tus cosas más valiosas?

La reacción que el amo tuvo cuando el ladrón fue sorprendido no fue la que uno esperaría. Él no se enojó ni exigió justicia. Él de hecho elogió al mayordomo. Es posible que el amo fuera tan rico que en realidad no le importaba que la gente le robara, pero yo lo dudo. En primer lugar si no le importaba su dinero no le habría pedido las cuentas. Yo creo que ese amo entendía que el dinero es simplemente una herramienta. No es lo que se supone que debemos valorar. La bendición y el favor de Dios es lo que nos enriquece—no el dinero.

El amo sabía que el dinero no es el aspecto importante de la prosperidad. La mayoría de la gente juzga su valor personal por sus ahorros y su fondo de pensiones, pero esas cosas solamente son una manifestación física del verdadero recurso—que es el favor de Dios. La riqueza es un subproducto del favor de Dios. El Señor le dijo a Abraham: "Te bendeciré, y engrandeceré tu nombre, y serás bendición" (Génesis 12:2). Fue el favor que Dios declaró sobre la vida de Abraham la causa de que él prosperara. Fue el favor de Dios lo que le permitió enriquecerse

LA BENDICIÓN Y EL FAVOR DE DIOS ES LO QUE NOS ENRIQUECE—NO EL DINERO.

apacentando sus rebaños y ganados en el desierto. El amo tenía una revelación de que su verdadera riqueza era el favor de Dios, y no el dinero que el mayordomo se estaba robando.

Esto vuelve a llevarnos al primer punto que establecí respecto a ser un administrador y a reconocer que todo lo que tenemos proviene de Dios. Dios nos da recursos, pero esos recursos no son nuestros verdaderos bienes. Es como ese viejo cuento para niños de la gallina que ponía huevos de oro. ¡Los huevos de oro no son tan valiosos como la gallina que los pone! La gallina pone un huevo todos los días, y cuando tienes la gallina tienes todos los huevos que ella lleva en sí. De la misma manera, el dinero no es tu verdadero bien. El verdadero tesoro es la bendición y el favor de Dios que es lo que produce las riquezas.

Hoy mucha gente está enfocada en juntar los huevos de oro, y están ignorando por completo la fuerza originaria que los produce. La persona que es dueña de la gallina va a acabar con mucho más oro que la persona que anda corriendo por todos lados buscando huevos. Así mismo, una vez que te das cuenta de que Dios es la fuente de tu prosperidad, comprenderás cuán ineficaz es andar cazando las riquezas. Ésta es una de las razones por las cuales las Escrituras nos recuerdan que el poder para hacer riqueza viene de Dios:

> *Sino acuérdate de Jehová tu Dios, porque él te da el poder para hacer las riquezas, a fin de confirmar su pacto que juró a tus padres, como en este día.*

DEUTERONOMIO 8:18

Dios es la fuente de tu prosperidad, pero fíjate que el versículo no dice que Dios nos da riqueza. Dios no nos manda cheques por el correo; Él nos da el poder para hacer las riquezas. Él libera su unción en cualquier cosa que tú hagas, y hace que tú prosperes—y la bendición de Dios es tan poderosa que no puede ser revocada. Balac es el infame profeta que fue contratado por un rey extranjero para maldecir a los hijos de Israel, pero él dijo:

LA ADMINISTRACIÓN DE LAS FINANZAS

He aquí, he recibido orden de bendecir; El [Dios] dio bendición, y no podré revocarla.

NÚMEROS 23:20

Una vez que el favor de Dios está en tu vida, ¡no puede ser detenido! Lo único que puede frustrar la bendición de Dios es nuestra propia incredulidad y negativismo. Mientras que continuemos creyendo, las bendiciones de Dios continuarán viniendo. Comprender el verdadero valor del favor de Dios en tu vida hará que tú tengas la misma actitud que el amo rico tenía hacia su mayordomo. Tú podrás ver todas las cosas que posees y decir: "Solamente son cosas". Tú sabrás que el dinero es meramente una herramienta que te ayuda a realizar aquello que Dios te ha llamado a hacer—pero que éste no es la verdadera prosperidad.

Las riquezas pueden ser robadas y las propiedades pueden ser arrebatadas, pero nadie puede robarte el favor de Dios. El amo rico sabía dónde estaba su verdadero tesoro, y es por eso que él no se enojo con el mayordomo. Él no estaba considerando que su dinero de papel o sus monedas fueran su verdadero capital. Una vez que adoptes esta manera de pensar, tú podrías sorprender a un ladrón que estuviera robándote simple y llanamente y no sentir temor ni pánico. Tú puedes llegar al punto donde tu vida no está restringida por las cosas. Puedes adquirir tanta seguridad en tu relación con Dios, y estar tan seguro de que su favor está presente en tu vida, que de hecho tú hasta podrías encontrar alguna razón para elogiar a un ladrón.

La riqueza que acumulas en la vida no es importante. El enfoque de tu vida debería ser tu relación con el Señor, que es lo que hace que la riqueza se acumule. El dinero no es tan importante. En cambio, el favor de Dios en tu vida es inestimable.

Un buen amigo mío, el Pastor Bob Nichols, dirige *Calvary Cathedral* en Fort Worth, Texas. En Abril del año 2000, un tornado azotó esa área y destruyó su iglesia. Era un conjunto eclesiástico de $18 millones de dólares, sin incluir lo que los inmuebles contenían, y en menos de 60 segundos estaba totalmente destruido. Como una hora después de la tormenta, la televisora CNN estaba enfrente de los escombros entrevistando al Pastor Bob. Él tenía puesto su casco, y estaba diciendo: "Dios no hizo esto. Esto no es otra cosa sino un ataque del diablo". Él dijo que Dios iba a hacer que eso obrara para bien, y que al final iban a obtener un complejo mucho más bonito que el que había sido destruido.

El Pastor Bob estaba expresando la misma actitud que el amo rico tenía. Él podía ver que todos sus bienes materiales estaban destruidos, pero eso no debilitó su fe porque su fe no estaba en los bienes materiales. Él sabía que la bendición de Dios era lo que producía todas esas cosas, y él todavía tenía el favor de Dios. La tormenta se había llevado su propiedad, pero la bendición de Dios todavía estaba sobre su vida. Al final, Pastor Bob acabó con un inmueble mucho más bonito que el que había sido destruido por el tornado. Su confianza estaba en el Señor, y el Señor restauró todo lo que él había perdido—y hasta más.

Así es exactamente como estaba pensando el amo rico. Él sorprendió a un empleado que estaba robándole lo que pudieron ser millones de dólares, y eso no lo perturbó en lo más mínimo. La gente en *Wall Street* empieza a arrojarse por las ventanas cuando pierden los millones, porque toda su confianza y su seguridad están en el dinero. Las crisis financieras ponen a mucha gente al borde del abismo, pero—como al amo rico—a ti no te trastornarán si tu confianza está en el Señor.

Tú sólo puedes tener esa clase de confianza cuando dejas de basar tu vida en las cosas materiales, y en cambio dependes de Dios. Cuando tú confías en lo que el dinero puede hacer por ti, entonces tu seguridad está en tu cuenta de banco—y cuando los fondos en tu cuanta de banco se reducen, te sentirás temeroso e inseguro. Pero cuando tú sabes que Dios es tu proveedor, no te aferras a los bienes materiales. ¡Esta manera de pensar te ayudará a dormir por la noche! Aprender a depender de Dios en vez de confiar en los bienes materiales o en la gente transformará tu vida por completo. De hecho puedes vivir tu vida sin estar atado a, ni ser un sirviente de tu dinero. ¡El dinero no es nada! La bendición y el favor de Dios sobre ti son el verdadero patrimonio.

El otro punto importante que se debe entender de esta parábola es la razón por la que el mayordomo fue elogiado. Tú podrías pensar que robar dinero y dárselo a otras personas no es nada digno de elogios, sin embargo Jesucristo nos dice que el amo alabó al mayordomo por robar. Aquí está la razón por la que el amo rico estaba elogiando al mayordomo: él finalmente se había dado cuenta de que el verdadero poder del dinero consiste en que se use para influir en el futuro. En vez de embolsarse el dinero robado, el mayordomo lo estaba usando para sobornar a la gente y hacer preparativos para su futuro.

El verdadero poder del dinero consiste en usarlo para influir en el futuro.

Es fácil entender eso si antes vemos esto: el mayordomo había estado derrochando el dinero en "cosas". Estuvo comprando autos de lujo, caviar, televisiones de plasma, buena ropa, joyas y cosas como esas, porque no tenía nada de dinero ahorrado. Él iba a tener que cavar o mendigar (Lucas 16:3).

El amo no estaba elogiando al mayordomo por la acción de robar—él estaba elogiando al mayordomo porque éste finalmente se dio cuenta de que el dinero es una herramienta. No importa en qué país vive, o cuánto dinero tiene en el banco, la mayoría de la gente comete el grave error de usar el dinero sólo para cosas temporales de poca duración. Se gastan su dinero en cosas que dan un poco de satisfacción temporal, e ignoran el poder que el dinero tiene para modelar su futuro.

Hasta cierto punto, las personas impías son mejores administradoras de sus bienes materiales que los cristianos; éste no siempre es el caso, pero con frecuencia sí lo es. Yo creo que esto es lo que Jesucristo quería decir cuando dijo, "los hijos de este siglo son más sagaces que los hijos de luz" (Lucas 16:8). Un aspecto de la razón de esto es que los cristianos saben que hay algo más allá de esta vida. Mucha gente se está preparando para la jubilación y piensan que la muerte es el fin, mientras que los cristianos no se enfocan en un plazo tan corto.

Los cristianos no tenemos el mismo temor a la muerte que los incrédulos, y nosotros vemos más allá de esta vida hacia la eternidad. Consecuentemente, con frecuencia los cristianos no se preparan para su vejez ni preparan una herencia que puedan dejarle a sus hijos. Pero el dinero no solamente te da el poder de influir en tu futuro en la tierra—también influye en la eternidad. Cuando Jesucristo acabó de enseñar acerca del amo rico que había elogiado al mayordomo injusto, dijo:

> *Y yo os digo: Haceos amigos de las riquezas de maldad, para que cuando faltareis, os reciban en las moradas eternas.*

LUCAS 16:9, REINA VALERA ANTIGUA.

La palabra griega que aquí se tradujo como "faltareis" también significa muerte. Este versículo nos está diciendo que usemos el dinero para hacer amigos que nos reciban en las moradas eternas cuando hayamos muerto. Dicho en otras palabras, tú puedes influir en las vidas de las personas por medio de lo que das, y cuando tú mueras esas personas estarán haciendo fila en el cielo para agradecerte por la manera como usaste tus recursos para ayudarlos. Tú puedes hacerlo dándole directamente a la gente, o dando donativos para apoyar la predicación del Evangelio, el cual salva, sana, y libera.

El dinero nada más es temporal. No existe en el cielo, y no puedes llevártelo cuando mueras—por eso tú nunca ves una carroza fúnebre remolcando una mudanza. El dinero de papel, el oro, las monedas, los diamantes, y la plata son temporales; algún día todas estas cosas se destruirán. Pero al invertir el dinero en la vida de otros tú puedes tomar algo que está destinado para la destrucción y puedes transformarlo en algo eterno. Tú puedes transformar el dinero en algo que nunca dejará de existir invirtiéndolo en el Evangelio y usándolo para influir en las vidas de las personas.

El propósito de esta parábola es mostrarnos que el mejor uso del dinero no se encuentra en las cosas temporales que van a dejar de existir. El objetivo de la prosperidad no es tu casa ni tu carro. No se trata de tener los productos más novedosos y la ropa más fina. El uso principal de tu dinero es para influir en las vidas de las personas.

Todas las cosas materiales que compraste con tu dinero serán destruidas algún día. No importa cuánto tengas en esta vida. Algunas de las personas que son muy admiradas por toda su riqueza no van a tener ni una persona que los espere en el cielo para agradecerles el haber usado su dinero para transformar las vidas de las personas. Muchas de las personas que han puesto su confianza en el dinero no van a llegar al cielo, pero también creo que hay cristianos que no van a tener mucho tesoro aguardándolos en el cielo. Aun así serán bendecidos y estarán en un estado de éxtasis por el amor de Dios, porque no somos salvos de acuerdo a nuestras obras, pero no habrá nadie que esté esperándolos para darles la bienvenida en el cielo, porque nunca usaron su dinero para predicar el Evangelio y para transformar las vidas de las personas.

Otras personas que no fueron muy apreciadas en esta vida encontrarán a miles de personas en fila esperando para darles la bienvenida. Quizá no tuvieron la casa más bonita de su calle, pero dieron de sus recursos para bendecir a otros, y lo que dieron se transformará en un tesoro eterno. Tú no sabrás cuántas vidas has bendecido cada vez que das tu apoyo para la predicación del Evangelio hasta que veas a toda la gente en fila en el cielo esperándote para saludarte.

Sí, Dios quiere cubrir tus necesidades. Tú no eres un buen administrador si tu familia está durmiendo debajo de un árbol porque regalas todo tu dinero. Dios quiere que vivas con comodidad, que te vistas bien, y que tengas cosas bonitas. Él no quiere que seas pobre. Dios no se opone a que cuides de ti. Lo que estoy diciendo es que tu actitud en cuanto al dinero cambiará cuando tú verdaderamente obtengas una revelación acerca de la prosperidad. Pensarás: "¿Cuál es la mínima cantidad de dinero que necesito para cuidar de mi familia, y cuánto puedo invertir en la eternidad?" Dentro de millones de años, la gente todavía estará visitando tu mansión en la gloria para agradecerte por la inversión que hiciste en el Evangelio y por la manera como influiste en sus vidas. Ningún santo estará diciendo: "Oh, ¡ojalá me hubiera gastado mi dinero en un mejor carro, o en una tercera televisión de plasma". De ninguna manera.

¡La misión de Dios es la gente! Todas las cosas materiales van a perecer, y lo único que importará será cuánto invertiste en las personas. Algún día me agradecerás que te saqué el dinero del bolsillo para invertirlo en el Evangelio. Todo aquello a lo que te aferras terminarás perdiéndolo. Es sólo lo que regalas lo que conservarás, y una persona no es tonta si da algo que no puede conservar para poder obtener algo que nunca podrá perder.

Cuando el amo le dijo al mayordomo que lo iba a despedir, el mayordomo finalmente entendió el mensaje de que más le valía empezar a hacer planes para el futuro. Él se dio cuenta de que necesitaba tomar el dinero del que disponía y que debía usar la influencia y el poder que le proporcionaba para encargarse de su futuro. Jesucristo nos enseñó que el mejor uso del dinero no está en comprar cosas, sino en influir en las vidas y transformar a las personas.

Lamentablemente, yo creo que no hay mucha gente que haya entendido o aceptado la actitud mental que Jesucristo estaba enseñando por medio de esta parábola. La mayoría de la gente cuida de sí misma primero, y después le dan una propina a Dios de lo que queda. Después de que todas las codicias y deseos de su corazón han sido satisfechos, le dan a Dios los restos. Dios no está enojado con ellos, pero esas personas se están perdiendo los beneficios de la buena administración financiera. Es mucho mejor

UNA PERSONA NO ES TONTA SI DA ALGO QUE NO PUEDE CONSERVAR PARA PODER OBTENER ALGO QUE NUNCA PODRÁ PERDER.

aprender a vivir con menos dinero, y usar una parte de nuestros recursos para modelar el futuro.

No estoy diciendo que debes trabajar como una mula sin disfrutar la experiencia de la vida. Debes mantener un equilibrio entre planear para el futuro y vivir en el momento, pero—por lo menos en los Estados Unidos—no hay duda de que mucha gente se ha ido al extremo de gratificar todos sus caprichos y pensar únicamente en el momento. La gente está hipotecando su futuro para poder disfrutar todo en el aquí y ahora. Se están complaciendo agarrando todo lo que pueden, y no están planeando nada para el futuro. Como el mayordomo infiel, harían bien en reconocer que el dinero se gasta mejor cuando se invierte en el futuro.

Los dos puntos principales que aprendemos de la parábola del mayordomo deshonesto son que el dinero no es nuestro mayor recurso, y que la gente sabia invierte su dinero en el futuro. La bendición de Dios es la que te enriquece, y no el dinero. Mientras tengas la bendición de Dios, la riqueza te encontrará. La clave está en aprender a no dilapidar todo tu dinero en placeres temporales, sino más bien en usar parte de tu dinero para ayudar a planear tu futuro, no solamente aquí en la tierra, sino para que multitudes te estén esperando para darte la bienvenida en el cielo.

[1] Diccionario María Moliner "seguridad".
[2] Proverbios 13:11

BUSCA PRIMERO EL REINO
Capítulo 5

E s importante tener una actitud correcta en cuanto a las finanzas antes de que empieces a poner tu atención en el deseo que Dios tiene de traer dinero a tu vida. Las Escrituras dicen que si tu ojo es bueno entonces todo tu cuero estará lleno de luz, pero si tu ojo es maligno, todo tu cuerpo estará en tinieblas (Mateo 6:22-23). También dicen: *Se apresura a ser rico el avaro, y no sabe que le ha de venir pobreza* (Proverbios 28:22). Dicho en otras palabras, si tu atención está dividida entre las cosas de Dios y el deseo de enriquecerte, entonces todo tu cuerpo estará en tinieblas.

Éste es un concepto muy importante. El Señor está diciendo que quiere que tengas tu atención puesta exclusivamente en Él. Al principio pensarás que es imposible estar totalmente comprometido con Dios y con la atención puesta en Él en todo lo que haces, y si para hacerlo tuviéramos que recurrir a la fortaleza humana yo estaría de acuerdo. Pero no vivimos la vida cristiana en nuestra propia fuerza. El apóstol Pablo escribió:

> *Porque las armas de nuestra milicia no son carnales, sino poderosas en Dios para la destrucción de fortalezas, derribando argumentos y toda altivez que se levanta contra el conocimiento de Dios, y llevando cautivo todo pensamiento a la obediencia a Cristo.*

2 CORINTIOS 10:4-5

Dios te ha dado armas tan poderosas que pueden traer todo pensamiento a la obediencia de Cristo. Tú puedes trabajar, cuidar de una familia, hacer todas las cosas que tienes que hacer en la vida, y aun así mantener tu atención al 100% en Dios. *¡Pero tú no* *puedes estar enfocado en Dios cuando piensas que tú eres el responsable de producir la bendición económica en tu vida!* Si tú crees que mantener a tu familia y ganar dinero son cosas que dependen de ti, entonces vas a tener un corazón dividido—y un corazón dividido permitirá que las tinieblas entren a tu vida y que obstaculicen tu relación con el Señor.

El apóstol Pablo dijo: "Una cosa hago" (Filipenses 3:13). La razón por la que él logró todo lo que hizo fue porque él hizo una cosa: él buscó primeo el reino de Dios. La manera más rápida para destruir el sueño de un hombre es darle dos sueños. Tú no puedes lograr tus metas cuando tu atención y tus recursos están divididos. Si verdaderamente quieres prosperar, entonces tienes que olvidarte de todo lo demás y esforzarte por alcanzar esta meta única de darle el primer lugar al reino de Dios.

Yo sé que algunas personas quizá escuchen esto y digan: "Estás viviendo en un mundo irreal. Aquí en el mundo real, se tiene que trabajar y pagar los gastos. La vida se reduce a trabajar para salir adelante." Es verdad que se supone que debemos trabajar. Las Escrituras dicen que la gente floja que no trabaja no debería tener la expectativa de que va a comer, pero el plan de Dios para nuestra libertad financiera no depende de los resultados naturales del trabajo arduo (2 Tesalonicenses 3:10). Tenemos que cambiar nuestra manera de pensar respecto al dinero y la prosperidad. El apóstol Pablo invitó a los Efesios a que pensaran de una manera diferente en cuanto al objetivo del trabajo cuando dijo:

> *El que hurtaba, no hurte más, sino trabaje, haciendo con sus manos lo que es bueno, para que tenga qué compartir con el que padece necesidad.*

> EFESIOS 4:28

Él no les dijo que trabajaran para que pudieran pagar sus gastos y para tener un techo que los cubra. Ni les dijo que trabajaran para que pudieran alimentar y vestir a sus hijos. Él dijo: "Trabaja para que tengas dinero para darle a los que tienen necesidad". Él estaba volviendo a exponer la enseñanza de Jesús de que el uso más importante del dinero no es para satisfacer necesidades temporales. El apóstol Pablo estaba diciendo que al satisfacer las necesidades temporales de otras personas, ellos podrían demostrar el amor de Dios e influenciar las vidas de las personas.

Cada dólar que ganas tiene el potencial de influenciar la vida de una persona para bien. Por supuesto, tú también tienes necesidades, y Dios lo sabe. La tendencia natural es ésta: "Si empiezo a cuidar de todos los demás, entonces ¿quién me va a cuidar a mí?" ¡Por Dios! Dios cuidará de ti, y Él lo hará mejor de lo que tú lo has hecho. Aquí es donde puedes ver que las finanzas son una cuestión de fe. Tú no puedes disecar lo que estoy diciendo y ver exactamente cómo funciona. Yo no puedo escribir un contrato y prometer que si tú haces estas cosas, vas a tener más dinero que el que alguna vez te hubieras imaginado. Pero la Palabra enseña que cuando tú pones primero el reino de Dios, entonces todas tus necesidades económicas estarán cubiertas. La prosperidad es un producto derivado de la búsqueda de Dios; pero no debe ser la meta.

De lo que estoy hablando aquí es de un asunto del corazón. Tú no puedes crear alguna clase de fórmula, con base en lo que estoy diciendo, en la cual tú pones el esfuerzo por una parte y la prosperidad sale por la otra. El sistema financiero de Dios no funciona de la misma manera que el sistema del mundo. La clase de prosperidad de Dios resulta de la fe. Cuando tú trabajas para que puedas tener dinero para dar, Dios cuida de ti. Es una mentalidad y una actitud, no un estratagema para hacerse rico rápidamente.

La clase de prosperidad de Dios viene cuando tú cambias tu enfoque y dejas de poner tu atención en obtener y mantener cosas, para ponerla en vivir para dar. La mayoría de la gente dice: "Yo sí quiero dar…y si algún día me sobra algo de dinero lo haré". Lo que quieren decir es que en el momento en que tengan todo lo que quieren, le aventarán una propina a Dios. Con tal de que sus necesidades sean cubiertas

LA PROSPERIDAD ES UN PRODUCTO DERIVADO DE LA BÚSQUEDA DE DIOS; PERO NO DEBE SER LA META.

primero, Dios puede quedarse con las sobras; eso no es buscar el reino de Dios. El Señor dice que debemos trabajar para que tengamos dinero para bendecir a la gente.

La manera más elevada de dar es ayudar a la predicación del Evangelio. Cuando tú empiezas a ayudar a que se prediquen las Buenas Nuevas, demostrando el amor de Dios en palabra y en obra, hay un fluir divino que se manifiesta. Dios empieza a cubrir tus necesidades de manera sobrenatural. Es por esto que las Escrituras nos dicen que le demos a Dios las primicias—no el fruto que sobró. Lo primero que deberías hacer cuando obtienes dinero es darle a Dios. Cuando haces eso, Dios cuida mejor de ti accidentalmente de lo que tú lo has hecho esforzándote y aferrándote a tus recursos.

La razón por la que algunos cristianos abogan por la prosperidad financiera y creen en eso con mucho ahínco es porque quieren las casas nuevas, los carros, y las demás cosas de las que la gente en el mundo está disfrutando. Están predicando acerca de la prosperidad, pero con un interés personal. Usan joyería muy llamativa y sacan sus billetes para presumir igual que los incrédulos. Repito, no tiene nada de malo ser próspero. Dios quiere que tengas cosas bonitas, pero la actitud de tu corazón debería ser que el objetivo de la prosperidad no se refiere a ti—en realidad se refiere a cuánta riqueza está pasando a través de ti.

Dios nos dio dos manos: una mano para recibir, y otra mano para dar. Si Dios puede hacer que el dinero pase por tus manos para dárselo a otras personas, entonces Él te lo dará a ti—y conforme el dinero fluya quedará suficiente para ti. No tienes que vivir en pobreza; pero tu prioridad debería ser ayudar a otras personas, en vez de tratar de acaparar todo lo que puedas para ti. Es la misma actitud que se nos enseña en las Escrituras:

Y poderoso es Dios para hacer que abunde en vosotros toda gracia, a fin de que, teniendo siempre en todas las cosas todo lo suficiente, abundéis para toda buena obra.

2 CORINTIOS 9:8

El asunto de este versículo es el dinero. El apóstol Pablo le estaba escribiendo a los Corintios acerca de ser buenos administradores. No se trataba nada más de bendiciones espirituales. Esto dice que la razón por la que Dios hace abundar bendiciones financieras para ti es para que tú tengas los recursos para hacer cosas buenas para otros—porque la verdadera prosperidad no está determinada por lo bonita que sea tu casa, o por la clase de carro que manejas. Dios juzga la prosperidad por lo mucho o lo poco que bendices a otros. Es fácil decirlo, pero es mucho más difícil vivirlo.

El graduado medio del bachillerato en los Estados Unidos gana más de un millón de dólares en el transcurso su vida, y los graduados de la universidad ganan lo doble. A mucha gente en esta vida le habrán pasado uno o dos millones de dólares por las manos, pero no tendrán ninguna evidencia de eso en la eternidad. Se habrán gastado todo su dinero en carros, ropa, y comida. En este mismo momento tenemos el privilegio de poder tomar algo, que con el tiempo será destruido, y convertirlo en algo que nunca dejará de existir. Una vez que tú comprendas esta verdad te darás cuenta de cuán extraordinaria es la bendición de poder dar. Es la mejor oportunidad para invertir en la vida.

Mi esposa y yo prácticamente no teníamos nada cuando empezamos en el ministerio. Hemos pasado por muchas dificultades económicas. En gran parte eso fue por la esclavitud religiosa y la doctrina errónea en la que yo creía; eso era lo que me estaba impidiendo experimentar la bendición de Dios, pero siempre pusimos primero a Dios y como resultado de eso Dios nos ha bendecido. Pusimos nuestra atención en buscar a Dios y en darle bendiciones a otros, y el efecto secundario para nosotros ha sido la prosperidad—así es como funciona el sistema financiero de Dios.

> **EL OBJETIVO PRINCIPAL DE LA PROSPERIDAD NO ERES TÚ— EN REALIDAD EL ASUNTO ES CUÁNTA RIQUEZA ESTÁ PASANDO A *través* DE TI.**

La mente carnal piensa: "Si no cuido de mí mismo nadie más lo hará", y quizá eso es verdad si no tienes fe en Dios. Pero cuando tú confías en Dios y empiezas a honrarlo con tus primicias, entonces Dios hará "que se llenen tus graneros con abundancia y que tus lagares rebosen de mosto" (Proverbios 3:10). Él produce un caudal sobrenatural de dinero para ti. La promesa de Dios es ésta:

Mas buscad primeramente el reino de Dios y su justicia, y todas estas cosas os serán añadidas.

MATEO 6:33

¿Qué "cosas" te serán añadidas? De acuerdo al contexto, Jesucristo estaba hablando del lugar donde duermes, lo que comes, y la ropa que usas. Él está diciendo que los recursos económicos te serán añadidos. Así que cuando tú le das el primer lugar al reino de Dios, Dios cuida de tus necesidades materiales. Dicho en otras palabras, cuando tú le das prioridad a Dios, entonces Él asume la responsabilidad de cuidar de ti—y Dios hará una mejor labor al respecto que la que tú pudieras hacer.

En el Antiguo Testamento, Elías le profetizó al rey Acab que una sequía se acercaba, y después él huyó al desierto para esconderse. El rey Acab estaba persiguiendo a los profetas de Dios, así que Elías tuvo que huir para proteger su vida. Al principio, Dios mandó cuervos para que lo alimentaran en un arroyo. Cuando el arroyo se secó, Dios le dijo a Elías que fuera a la ciudad de Sarepta. Él le había ordenado a una viuda que le diera de comer. Así que Elías fue a la ciudad y encontró a la viuda. Lo primero que le dijo fue: "Ve y tráeme algo de agua, y mientras lo haces también tráeme algo de comer". La viuda se volteó para verlo y le dijo:

...Vive Jehová tu Dios, que no tengo pan cocido; solamente un puñado de harina tengo en la tinaja, y un poco de aceite en una vasija; y ahora recogía dos leños, para entrar y prepararlo para mí y para mi hijo, para que lo comamos, y nos dejemos morir.

1 REYES 17:12

Obviamente el agua es un recurso preciado durante una sequía, sin embargo la viuda estuvo dispuesta a traerle a Elías un poco de agua. Pero ella le puso un alto cuando él pidió comida. A esa viuda le quedaba su última comida. Ella y su hijo se iban a morir de hambre después de que se la comieran porque ya no les quedaba absolutamente nada. Elías le dijo que fuera y preparara alimento para él primero y que se lo trajera. Después, ella podría cocinar para ella y para su hijo. Elías dijo:

> *Porque Jehová Dios de Israel ha dicho así: La harina de la tinaja no escaseará, ni el aceite de la vasija disminuirá, hasta el día en que Jehová haga llover sobre la faz de la tierra.*

1 REYES 17:14

La viuda solamente tenía suficiente aceite y harina para preparar una comida pequeña, pero ella creyó en lo que Elías le había dicho así que preparó primero la comida de Elías. El resultado fue que el Señor preservó de manera sobrenatural la poca cantidad de aceite y de harina que ella tenía en recipientes y eso alimentó a Elías, a la viuda, y a su hijo por tres años. ¿Podrías imaginarte, si hubiera habido espectadores presentes, qué habrían pensado si hubieran escuchado que Elías le estaba pidiendo a una viuda que le diera el último alimento que ésta tenía? Los espectadores habrían acusado a Elías por haberle robado a la viuda. El encabezado del periódico local de Jerusalén habría dicho así: "Un hombre de Dios toma para sí la última comida de una viuda". Pero Elías no le estaba quitando nada a la viuda—él le estaba dando a ella.

Si ella no le hubiera dado esa comida, entonces el Señor no habría multiplicado de manera sobrenatural los alimentos, y la viuda y su hijo se habrían muerto de inanición en unos pocos días. El paso de fe que la viuda tomó al alimentar primero al profeta, antes de que cuidara de sí misma, resultó en una provisión que la mantuvo a ella y a su hijo por

DIOS ASUME LA RESPONSABILIDAD DE CUIDAR DE TI CUANDO TÚ BUSCAS PRIMERAMENTE SU REINO. Y DIOS PUEDE CUIDAR MUCHO MEJOR DE TI QUE TÚ.

tres años. Más adelante, Elías también resucitó a su hijo de entre los muertos, lo cual no hubiera sucedido si ella no hubiera formado una relación amistosa con Elías al alimentarlo por tres años. Así que el dar de lo poco que tenía abrió el paso a múltiples milagros en su vida.

Yo recuerdo que una vez ministré sobre estos mismos pasajes en una iglesia en Texas. Al final del servicio, una mujer me abordó pidiendo oración. Ella me preguntó si me acordaba quién era ella, y yo le dije que no. Ella entonces me dijo que yo había orado por ella. En ese tiempo, ella estaba viviendo en una institución psiquiátrica y quería que Dios restaurara su mente. Yo había orado por ella, y ella había sanado por completo—¡Gloria a Dios! Finalmente la dieron de alta de esa institución, pero ella no tenía ningún lugar a dónde ir, así que esa institución le dio un lugar para vivir y un trabajo de conserje.

Pero ella quería dejar ese lugar del todo, y para poder hacerlo necesitaba un milagro financiero. Ella necesitaba un trabajo nuevo y un lugar nuevo para vivir. Pues bien, yo acababa de predicar acerca de que Elías le había pedido a la viuda que le diera primero a él, y la manera como el paso de fe de la viuda dio paso a la provisión sobrenatural de Dios. Así que le dije a la mujer que tenía que dar algo.

"¿Qué tienes?" le pregunté.

Ella fue por su bolsa y sacó un pequeño monedero. Vació el monedero en mi mano, y eran unos $87.00 dólares y algo de cambio.

"Dámelo", le dije.

"¿Todo?". Preguntó.

"Todo". Le contesté.

Ella me dio hasta el último centavo. Ella dijo que no tendría nada de dinero hasta que le volvieran a pagar, y todavía no había comprado sus víveres. Para agravar las cosas, faltaba más de una semana para su próximo día de pago. Pero yo tomé todo su dinero y se lo di al pastor de la iglesia, y después oré por su milagro financiero.

El pastor de esa iglesia me llamó a la semana siguiente para decirme qué fue lo que había sucedido. El lunes después de que oramos, una persona que ni siquiera iba a esa iglesia le dio un carro a esa mujer. No fue alguien que supiera que ella necesitaba un carro. Era nada más y nada menos que la provisión sobrenatural de Dios. Uno o dos días después de eso, la mamá de esa mujer la llamó. Con anterioridad, su mamá se había sentido avergonzada por su condición y había cortado la relación con ella cuando ella ingresó en esa institución psiquiátrica. La mamá le pidió perdón por la manera como la había tratado, y le pidió que regresara a vivir a su casa. Y para el fin de esa semana, la mujer ya tenía un empleo nuevo que le pagaba lo doble de lo que ella ganaba trabajando de conserje en esa institución psiquiátrica.

Alguien que no tuviera fe en Dios pudiera pensar que fui cruel porque le pedí a esa mujer hasta su último centavo, pero yo no le estaba quitando algo. Yo le estaba dando una oportunidad para activar el fluir sobrenatural de Dios, ¡y su paso de fe le dio un carro, un lugar para vivir, una relación restaurada con su mamá y un empleo donde le pagaban lo doble de lo que le habían pagado como conserje en la institución psiquiátrica! Eso es maravilloso. Muestra el interés que Dios tiene por todos los aspectos de nuestra vida. Él quiere que prosperemos en todos los aspectos: físicamente, emocionalmente, económicamente, y en nuestras relaciones interpersonales. Cuando tú le das el primer lugar al reino de Dios, Dios cubre tus necesidades de una manera sobrenatural. Así que si tú quieres que Dios se haga responsable de todos tus compromisos y obligaciones, entonces dale el primer lugar al reino de Dios en el área de tus finanzas.

Quizá esto parece un concepto muy radical, pero funciona. Ha funcionado en mi vida, y he visto que funciona en la vida de cientos de personas. Vas a terminar frustrado si piensas que trabajar se reduce a ganar dinero para que puedas pagar tus gastos.

Es desalentador levantarse todas las mañanas para ir a trabajar nada más para poder pagar la renta de tu casa y comprar alimentos y ropa. ¡Hay una mejor manera para vivir! Las Escrituras dicen:

No os hagáis tesoros en la tierra, donde la polilla y el orín corrompen, y donde ladrones minan y hurtan.

MATEO 6:19

Sería un error interpretar este versículo como si dijera que tú nunca puedes tener dinero. Otros versículos nos dicen que deberíamos dejar una herencia para los hijos de nuestros hijos, y necesitas ahorrar mucho dinero para hacer eso. Yo pienso que a lo que Jesucristo se refiere es a nuestros motivos. Está mal hacer ahorros por temor, o para que puedas tomarte un descanso y decirte a ti mismo: "Muchos bienes tienes guardados para muchos años; repósate, come, bebe, regocíjate" (Lucas 12:19). Esa actitud es la equivocada. Pero es bueno acumular ahorros para que siempre puedas tener recursos para que tengas abundancia para toda buena obra, y para que les dejes una herencia a tus nietos. Eso es usar el dinero para bendecir a otros.

Cuando Jesucristo dijo estas cosas Él sabía que la gente iba a preguntar: "¿Cómo pones en primer lugar el reino de Dios y al mismo tiempo acumulas bienes para heredar? Si hago todo por el bien de Dios, ¿quién va a pagar mi renta, a comprar mi ropa, y a proveer alimentos para que coma?" Así que Jesucristo dijo:

Ninguno puede servir a dos señores; porque o aborrecerá al uno y amará al otro, o estimará al uno y menospreciará al otro. No podéis servir a Dios y a las riquezas. Por tanto os digo: No os afanéis por vuestra vida, qué habéis de comer, o qué habéis de beber; ni por vuestro cuerpo, qué habéis de vestir. ¿No es la vida más que el alimento, y el cuerpo más que el vestido?

MATEO 6:24-25

Esto claramente dice que no podemos servir a Dios y al dinero; pero eso no significa que tú nunca tendrás dinero cuando sirves a Dios. Es obvio que debemos escoger servir a Dios, así que Jesucristo continúa explicando la manera como Dios cubre nuestras necesidades. La vida, nos dice, es más que la comida, y más que decidir qué ropa nos vamos a poner. Además, preocuparte por tus finanzas no te ayuda de ninguna manera.

Mirad las aves del cielo, que no siembran, ni siegan, ni recogen en graneros; y vuestro Padre celestial las alimenta. ¿No valéis vosotros mucho más que ellas? ¿Y quién de vosotros podrá, por mucho que se afane, añadir a su estatura un codo?

MATEO 6: 26-27

¿Alguna vez has leído un encabezado de un periódico que hable de millones de pájaros que se están muriendo de hambre? No. Y nunca lo verás. Los pájaros no plantan, ni cosechan, ni guardan comida—y sin embargo Dios los alimenta. Si Dios tiene tanto cuidado por un pequeño pajarito, ¡imagínate cuánto mejor cuidará Él de una persona que fue hecha a Su imagen! Jesucristo nos está alentando para que tengamos mucha más confianza en que Dios cuidará de nosotros. Ésta es una afirmación radical. Pareciera que sentimos que es nuestra obligación preocuparnos por las cosas, pero Dios nos está diciendo que confiemos en Él con todo el corazón (1 Pedro 5:7).

No os afanéis, pues, diciendo: ¿Qué comeremos, o qué beberemos, o qué vestiremos? Porque los gentiles buscan todas estas cosas; pero vuestro Padre celestial sabe que tenéis necesidad de todas estas cosas.

MATEO 6:31-32

En un lenguaje moderno nosotros diríamos que ésas son las cosas que los impíos buscan. Debe haber una diferencia entre los cristianos y los incrédulos—entre la gente que tiene un pacto con Dios, y la gente que está tratando de hacerlo todo por su cuenta. El mundo debe poder ver una diferencia en todas las áreas de nuestras vidas, incluyendo las finanzas. No deberíamos andar por el mundo cazando el dinero y batallando para sobrevivir igual que los incrédulos. Dios quiere que prosperemos, y nosotros tenemos un pacto que incluye la prosperidad financiera. ¡Dios se deleita cuando tú prosperas! Él quiere ver que tienes éxito[1].

LA ADMINISTRACIÓN DE LAS FINANZAS

Después de darnos toda esta tranquilidad, Jesucristo nos dice que busquemos primero el reino de Dios y que "todas estas cosas nos serán añadidas". ¿Cuáles cosas? Las mismas cosas de las que Él estaba hablando con anterioridad: lo que comes, el lugar donde duermes, la ropa que usas, y todas tus necesidades materiales. Cuando tú le das el primer lugar al reino de Dios, Dios se encarga de todo lo demás.

La mayoría de nosotros trabajamos hasta quedarnos con la lengua afuera para salir adelante. Hacemos bazares para vender nuestras cosas usadas, economizamos y ahorramos o trabajamos en dos empleos. Compramos automóviles que usen gasolina de una manera más eficiente. Hacemos todo lo que podemos para ahorrar un poquito de dinero. Pero en realidad el objetivo de todo eso es cubrir nuestras necesidades y cumplir con nuestras responsabilidades. Al final del día, si nos queda algo de dinero por allí, entonces es cuando le damos a Dios para impulsar el Evangelio.

La manera Bíblica de vivir es buscar primero el reino de Dios—inclusive con nuestros recursos económicos. Deberíamos estar trabajando para dar. Cuando tu corazón se transforma y tú empiezas a trabajar para que puedas ser una bendición para otras personas, entonces Dios empieza a cuidarte mejor de lo que tú te habías cuidado a ti mismo. Dios es *El Shaddai*, no el Sr. Tacaño. Cuando tú buscas primero el reino de Dios, inclusive con lo que das y en el área de tus finanzas, entonces Dios te hace prosperar.

Ésta es una verdad ante la cual tú tienes que abrir tu corazón; tienes que permitirle al Espíritu Santo que te la revele; yo puedo explicártela, pero va a requerir una revelación sobrenatural para que verdaderamente entiendas de qué estoy hablando aquí. Tú no puedes nada más guardar las apariencias de que das y después pensar que Dios te va a regresar lo que das multiplicado por cien veces más. Tú tienes que depender de Dios y confiar en que Él es tu proveedor. Tiene que ser una revelación en el nivel de tu corazón, y no solamente una conclusión a la que llegas mentalmente. Pero esto, una vez que lo comprendas, revolucionará tu vida. Te transformarás totalmente una vez que creas que cuando le das a Dios el primer lugar, Él empezará a cuidar de ti de manera sobrenatural. Te traerá mucha paz y confianza.

[1] Véase, por ejemplo, el Salmo 35:27

LA PROSPERIDAD NO ES EGOÍSTA
Capítulo 6

El libro de Mateo nos da amplia información respecto a la administración en sus últimos capítulos. Comienza con el relato de las diez vírgenes, algunas de las cuales no administraron bien el aceite de sus lámparas. Después, se nos da la parábola de los tres siervos a los que su amo les encargó dinero. El amo le dio a un siervo cinco talentos, a otro dos talentos, y al último un talento. (Un talento era un peso determinado de dinero en monedas). El siervo con los cinco talentos tomó lo que su amo le había dado y ganó otros cinco talentos. Así mismo, el siervo que tenía dos talentos ganó otros dos talentos. Pero el hombre que recibió un talento lo enterró para tenerlo seguro.

Más adelante, el amo regresó y les preguntó a los siervos qué habían hecho con su dinero. El siervo que ganó cinco talentos fue alabado por su amo, y también lo fue el siervo que ganó dos talentos. Cuando el siervo que recibió un talento se presentó ante el amo él dijo: "Señor, te conocía que eres hombre duro, que siegas donde no sembraste y recoges donde no esparciste: Por lo cual tuve miedo, y fui y escondí tu talento en la tierra", y entonces le regresó el único talento que había recibido. El amo estaba furioso. Él regañó al siervo porque ni siquiera puso el dinero en el banco para que ganara interés, y después dijo:

Quitadle, pues, el talento, y dadlo al que tiene diez talentos. Porque al que tiene, le será dado, y tendrá más; y al que no tiene, aun lo que tiene le será quitado. Y al siervo inútil echadle en las tinieblas de afuera; allí será el lloro y el crujir de dientes.

MATEO 25:28-30

EL MOTIVO EN EL TRASFONDO DE LO QUE HACES ES MÁS IMPORTANTE QUE LA ACCIÓN EN SÍ.

Este pasaje dice que como el siervo más pobre no invirtió lo que había recibido, le quitaron hasta lo poco que tenía, y fue echado a las tinieblas. Esto revela claramente que el Señor espera que tomemos lo que nos ha dado y que hagamos algo con eso, y no que nada más lo enterremos. Nuestro Dios es el Dios de la multiplicación. Él quiere que incrementemos los recursos que se nos dan, y no que nada más nos gastemos nuestro dinero en apetitos carnales.

Justo después de que relató esta parábola, Jesucristo habló de que va a regresar en la gloria y de la separación de las ovejas y las cabras. A algunos les dirá: "Vengan ustedes, a quienes mi padre ha bendecido; reciban su herencia, el reino preparado para ustedes desde la creación del mundo". Ésas son las personas que vistieron a los que estaban desnudos, alimentaron al enfermo, le dieron agua al sediento, y visitaron a los prisioneros en la cárcel. Todo esto está relacionado con la administración. Jesucristo está hablando de tomar los recursos con los que Dios nos ha bendecido y de que los usemos para beneficiar a otros. Se requiere dinero para visitar a la gente que está en la cárcel. Por lo menos, te costará la gasolina y el transporte. Todo lo que hacemos en el ministerio cuesta dinero.

Jesucristo dijo que aquellos que nunca visten al desnudo, ni cuidan al enfermo, ni alimentan al hambriento en realidad no lo conocen a Él, y que irán al castigo eterno (Mateo 25:41-46). Éstas son unas palabras muy fuertes, y a mucha gente no le gusta escucharlas porque hacen que la administración de recursos sea una parte inherente a lo que Dios espera que todos nosotros hagamos. Muchas personas no están dispuestas a renunciar al control de sus finanzas tan fácilmente. Es más, la palabra "talento" es interpretada en estos versículos como algo espiritual por algunas personas que dicen que esto está hablando de los dones espirituales que has recibido. No estoy diciendo que no puedes hacer esa aplicación, pero Jesucristo estaba hablando literalmente del dinero, lo cual vuelve a mostrar que la administración financiera tiene mucha más importancia de la que comúnmente se le da.

LA PROSPERIDAD NO ES EGOÍSTA

Otro problema que algunas personas tienen es que piensan que la prosperidad es egoísta. Me he encontrado con muchas gentes que me dicen que están satisfechos con lo que tienen, y que no quieren tener más. Estoy de acuerdo que estar contento con lo que tienes es una actitud santa, pero por otro lado decir que tú no quieres más recursos es una actitud egoísta. Lo que la mayoría de la gente está diciendo es esto: "Con que mis necesidades estén cubiertas, entonces estoy satisfecho. No necesito nada más". ¿Y qué de los demás? Cuando tú tienes más dinero de lo usual, puedes ser una bendición para los que están necesitados. Sin dinero de sobra, tú estás limitado en tu capacidad para dar. Es mejor prosperar e incrementar tus ingresos—pero no para ti, sino para que puedas bendecir a alguien más.

El objetivo de la prosperidad no eres tú. Dios nos encomienda recursos para que podamos ser una bendición para otras personas; por lo tanto no es una actitud egoísta desear la prosperidad. Cuando tú ves a Dios como tu proveedor y tratas el dinero como un recurso para ser administrado, entonces es una actitud muy santa querer prosperar para que puedas dar y para ayudar a establecer el pacto de Dios en la tierra.

Por otro lado, hay gente que está enseñando la prosperidad desde un punto de vista egoísta. Algunos predicadores presentan la prosperidad como si su único objetivo fuera tener más. Eso es egoísmo, y el motivo impulsor de esa clase de prosperidad es la avaricia. Pero tú no verás un rédito sobrenatural de lo que das cuando lo haces con el motivo equivocado. Tiene que proceder de un corazón humilde que desea bendecir a otras personas. Como el motivo en el trasfondo de lo que haces es más importante que la acción en sí, dar con la actitud equivocada no tiene beneficios. Las Escrituras dicen:

Y si repartiese todos mis bienes para dar de comer a los pobres, y si entregase mi cuerpo para ser quemado, y no tengo amor, de nada me sirve.

1 CORINTIOS 13:3

Esto dice que tú puedes hasta llegar al punto de hacer el último sacrificio de entregar tu vida, pero no te beneficiará en lo más mínimo si no lo haces con una motivación de amor. Bendecirá a la persona por la que te sacrificas, pero no va a resultar en un rédito sobrenatural para ti. Igualmente, andar haciendo el papel de un buen administrador de los recursos de Dios no te va a ayudar en lo más mínimo si no lo estás haciendo con la motivación correcta. Si tú único motivo para dar es que Dios te dé a ti, no va a funcionar. Sí, Dios quiere que prosperes—pero tener fe en la provisión de Dios no es lo mismo que tener avaricia por el dinero y tener la esperanza de que se dé un fluir sobrenatural de capital. La fe sí funciona, pero los apetititos carnales no te van a redituar nada.

Algunos cristianos tienen una actitud equivocada en cuanto a la prosperidad; cuando tú hablas del deseo que Dios tiene de que prosperemos por medio de la administración santa de los recursos, inmediatamente su avaricia y egoísmo se manifiestan. Empiezan a pensar: "¡Estupendo!, aquí hay una justificación en las Escrituras para que yo obtenga tantas cosas como pueda, para acumular una montaña de cosas y luego sentarme encima de mi montaña. ¡Esto es maravilloso!" En realidad no es así. Es verdad que Dios quiere que progreses, pero el motivo que está en el trasfondo de tus acciones es sumamente importante.

Tener los motivos correctos en el trasfondo de la administración financiera no se da de manera natural. Nuestra sociedad está tan enfocada en la satisfacción y la gratificación personal que vivir para Dios es un concepto totalmente fuera de lo común. No tiene sentido para la mente natural. Pensemos en la manera como el apóstol Pablo reaccionó ante la esclavitud. En su época, la esclavitud era una práctica my común. Pablo probablemente era el hombre de más influencia en el cuerpo de Cristo en esa época, y él tenía la influencia para poder cambiar la manera como los cristianos se comportaban. Si él hubiera hablado en contra de la práctica injusta de la esclavitud, él quizá pudo haber liberado a decenas de miles de esclavos, pero no lo hizo.

Por ejemplo, Pablo le escribió una carta a Filemón para hablarle de su esclavo Onésimo, que había huido y se había ido a Roma. Cuando llegó a Roma, Onésimo se encontró a Pablo, el cual lo convirtió al cristianismo y después le dijo ¡que regresara con su amo y que se sometiera a su posición de esclavo! Dios no estaba de acuerdo con la esclavitud, y Pablo lo sabía. Pablo solamente estaba diciendo que no hay diferencia entre un esclavo y una persona libre: los esclavos son libres en Cristo, y los seres humanos libres son esclavos de Cristo. Cuando toda tu vida está en Cristo, tú tienes tanta victoria y contento en el Señor que no importa si estás viviendo en libertad o como esclavo.

Somos más humanistas hoy que la gente en la época de Pablo, así que quizá te resulte difícil de aceptar esta actitud. Nuestra sociedad se centra en las libertades personales y el interés egoísta. Yo hasta diría que la libertad casi es un Dios para algunas personas. Sin embargo, aquí Pablo le está diciendo a la gente que no menosprecien a los amos esclavistas cristianos. Mucha gente hoy en día se molestaría y diría que un cristiano debe tratar a un esclavo de una manera diferente—de hecho, debería ponerlos en libertad a todos—pero Pablo les dice que sirvan con más esmero a sus amos esclavistas cristianos porque son hermanos. Cuando Pablo terminó de hablar acerca de que los esclavos se sometan a sus amos, él dijo:

> *Si alguno enseña otra cosa, y no se conforma a las sanas palabras de nuestro Señor Jesucristo, y a la doctrina que es conforme a la piedad, está envanecido, nada sabe, y delira acerca de cuestiones y contiendas de palabras, de las cuales nacen envidias, pleitos, blasfemias, malas sospechas, disputas necias de hombres corruptos de entendimiento y privados de la verdad, que toman la piedad como fuente de ganancia; apártate de los tales.*

1 TIMOTEO 6:3-5

Las palabras de Pablo son un recordatorio de que la libertad personal no lo es todo. Se supone que la vida no se reduce a que cuidemos de nosotros mismos y busquemos nuestro provecho personal. Sin embargo tenemos toda una generación en los

Estados Unidos a la que se le ha llamado "la generación del yo". La mayoría de la gente está viviendo vidas muy egocéntricas. "Yo" soy el centro del universo. La verdad es que cuando tú eres el centro del universo, tu mundo se empequeñece mucho.

En los Estados Unidos, se ha logrado mucho por los sacrificios que se llevaron a cabo por los hombres que pelearon en la II Guerra Mundial. Un pariente mío fue un soldado de la marina que peleó en Iwo Jima. Él era parte de una de las primeras oleadas de soldados de ese ataque anfibio. Antes de que invadieran, a él le dijeron que las primeras oleadas de soldados nunca sobrevivirían. A ellos básicamente los estaban usando para atraer todo el fuego del enemigo y para agotar sus municiones, pero esos marinos estaban dispuestos a sacrificarse para que las oleadas de soldados que venían atrás de ellos tuvieran posibilidades de sobrevivir y de ganar la pelea. Ellos tenían fe en que haciendo el sacrificio podrían ganar la guerra. Estaban más comprometidos con el ideal que tenían que con sus intereses personales, y se dieron cuenta de que había algo más importante que su libertad personal o su existencia.

El egoísmo es la actitud más frecuente hoy. Mucha gente está tomando sus decisiones basándose en lo que sea mejor para ellos. Si algo favorece su bienestar personal, entonces es algo bueno—si no, entonces es algo malo. No se dejan guiar por nada más que por sus necesidades personales. Esa clase de actitud va a afectar la manera de manejar tus finanzas. Pablo sacó la siguiente moraleja cuando terminó de hablar acerca de la esclavitud:

Pero gran ganancia es la piedad acompañada de contentamiento; porque nada hemos traído a este mundo, y sin duda nada podremos sacar. Así que, teniendo sustento y abrigo, estemos contentos con esto. Porque los que quieren enriquecerse caen en tentación y lazo, y en muchas codicias necias y dañosas, que hunden a los hombres en destrucción y perdición; porque raíz de todos los males es el amor al dinero, el cual codiciando algunos, se extraviaron de la fe, y fueron traspasados de muchos dolores. Mas tú, oh hombre de Dios, huye de estas cosas, y sigue la justicia, la piedad, la fe, el amor, la paciencia, la mansedumbre. Pelea la buena batalla de la fe...

1 TIMOTEO 6:6-12

Algunas personas han tomado estos versículos para decir que el dinero en sí es algo malo, pero la palabra "contentamiento" en este pasaje se refiere a que tus necesidades estén cubiertas. No está diciendo que una actitud santa significa que no tengas riquezas. Tú puedes tener las dos cosas si tu motivo es el correcto. Amar a Dios no significa que tienes que ser pobre, y tener dinero no significa ser impío. Para empezar, podemos decir que la riqueza es algo relativo. Algunas de las personas que predican que tú no puedes tener dinero y al mismo tiempo ser un siervo de Dios son extremadamente ricos de acuerdo a los estándares del resto del mundo. Nosotros somos sumamente ricos en comparación con la gente a la que Pablo le estaba escribiendo este pasaje. Tenemos comodidades con las que esas personas ni siquiera pudieron haber soñado: agua caliente entubada, aire acondicionado, instalaciones de plomería, hornos de microondas, automóviles, y casas dignas de reyes. Estamos viviendo en un período de prosperidad sin precedente.

Este pasaje de las Escrituras no está diciendo que no podemos tener dinero. Dice que raíz de todos los males es el amor al dinero—no el dinero en sí mismo. El dinero no es el problema; es la actitud que la gente tiene hacia el dinero. Es poner tu confianza en el dinero, y encontrar la satisfacción en eso. Si tú pones tu confianza en Dios, entonces Él te dará dinero para que cumplas con sus instrucciones y con el llamamiento que ha puesto en tu vida. El problema se presenta cuando tú amas el dinero y lo que produce más de lo que amas a Dios, y cuando tú dependes del dinero en vez de ver a Dios como tu proveedor.

A mí me asombra cómo la religión ha distorsionado este versículo, y ahora tenemos cristianos que promueven la pobreza en el nombre del Señor. No es virtuoso ser pobre como tampoco es virtuoso ser rico. El dinero no tiene nada que ver con la santidad. Dios no quiere que siempre estés dependiendo

PROSPERIDAD ES TENER SUFICIENTES RECURSOS PARA PODER ABUNDAR A TODA BUENA OBRA.

de otros porque eres pobre. Él quiere que seas capaz de ayudar a otros con dinero. Él quiere que los cristianos sean parte de la solución, y no parte del problema, y para hacer eso tú tienes que progresar en lo económico. Yo sé que se ha enseñado mucho acerca de que el dinero es maligno, pero si tú quieres bendecir a otros entonces tendrás que dejar tus prejuicios en contra de tener dinero.

Quizá esto te parezca extraño. Tú podrías estar pensando: "¿Quién podría tener prejuicios en contra de tener dinero?" Pues bien, ¡yo los tenía! Yo fui criado en un hogar de un nivel económico alto en comparación con el de los niños con los que crecí, y me habían enseñado que era pecado que la gente que servía a Dios tuviera dinero. Recuerdo a una pareja de misioneros que llegó a predicar a mi iglesia cuando yo era joven, y en vez de irse a un hotel o algo parecido esas personas se durmieron en la parte trasera de su camioneta. No querían gastar nada de dinero en un hotel. La esposa solamente tenía dos vestidos— ella lavaba uno cada noche y usaba el otro al día siguiente. No estoy exagerando, nuestro pastor puso a esa pareja en un pedestal y los exaltó poniéndolos como ejemplo de la manera como los verdaderos cristianos deberían vivir. Ellos estaban "sufriendo para servir a Jesús".

Hoy recuerdo eso y me doy cuenta qué ejemplo tan distorsionado de la pobreza era ése. Dios no quiere que duermas en la parte trasera de tu carro, o que no tengas suficiente ropa para usar. ¡Qué testimonio tan terrible! Da la apariencia de que Dios ni siquiera puede cuidar de sus propios hijos.

En parte la causa de mis problemas económicos cuando empecé en el ministerio, fue que a mí me daba vergüenza tener cosas. Yo pensaba que los ministros deberían sufrir carencias. ¿Alguna vez has visto a alguien que entra a una tienda y pide un descuento porque es un ministro? A mí no me gusta ver cosas como esas; es como si se le anunciara al mundo que los cristianos no pueden hacer un esfuerzo ni prosperar. Es una manera de mendigar, y de decirle al mundo que necesitamos ayuda. Sin embargo las Escrituras dicen: "He sido joven y ahora soy viejo, pero **nunca** he visto justos en la miseria, ni que sus hijos mendiguen pan" (Salmo 37:25 NVI). La pobreza no glorifica a Dios, y decir que sí lo glorifica es una distorsión de las Escrituras.

La prosperidad Bíblica no es egoísta, porque no se refiere a cubrir las necesidades personales. La motivación cristiana para la prosperidad es el deseo de tener recursos para bendecir a otros y para realizar aquello que Dios te ha llamado a hacer. El objetivo de la prosperidad no es que gratifiques a tu carne; no es eso en absoluto. El objetivo de la prosperidad es tener para dar. Cuando tú adoptes esa actitud, Dios te traerá dinero—y quedará bastante de sobra para ti.

También es importante recordar que la prosperidad es algo relativo. No es exclusivamente para aquellos que viven en países desarrollados. La prosperidad para un granjero en un pueblo pequeño podría consistir en tener diez cabras en vez de una. Podría ser vivir en la cabaña más bonita de tu comunidad y tener seis gallinas en vez de dos. Tú no tienes que vivir en una casa que cueste los millones en Beverly Hills para poder ser próspero. El estándar para la prosperidad es algo relativo, pero estas verdades referentes a la prosperidad funcionarán en cualquier situación, en cualquier parte del mundo. La clave es tener la motivación correcta y buscar primero a Dios. Cuando tú haces eso, te pones en la posición para recibir el fluir sobrenatural de Dios. Las Escrituras dicen:

Y poderoso es Dios para hacer que abunde en vosotros toda gracia, a fin de que, teniendo siempre en todas las cosas todo lo suficiente, abundéis para toda buena obra.

2 CORINTIOS 9:8

La razón por la que Dios hace que Su gracia abunde en nosotros es que abundemos para toda buena obra. La verdadera prosperidad se define por lo que damos, y no por lo que guardamos para nosotros. Hay mucha gente cuyos estados financieros se ven muy bien. Tienen una mansión, cosas de lujo, y un montón de dinero en la bolsa de valores y muchas clases de inversiones—pero su dinero no es líquido. A mí me han abordado muchas personas "ricas" que me dicen que les gustaría dar donativos a nuestro ministerio, pero que no pueden porque no tienen "liquidez en sus activos"; en realidad esas personas no son prósperas. Si tú estás usando todo tu dinero para ti, entonces no eres una persona próspera. El objetivo de la verdadera prosperidad es poder dar, y tener la capacidad para "abundar para toda buena obra". No está determinada por el tamaño de tu casa, por el carro que manejas, o por las joyas y la ropa cara. De hecho, tú puedes ser próspero y no tener ninguna de esas cosas.

El Antiguo Testamento relata la historia de José, que fue vendido como esclavo cuando era un hombre joven. A los esclavos que estaban a la venta se acostumbraba desnudarlos para que los posibles compradores pudieran ver la condición física del esclavo que iban a comprar. Mientras José estaba parado desnudo en el mercado de subastas sin ninguna posesión a su nombre, la Biblia dice que él era un hombre próspero (Génesis 39:1-2). ¿Por qué? Porque la prosperidad no se mide por la cantidad de recursos que tienes. José era un esclavo que estaba desnudo, pero aun así Dios estaba con él, y solamente era cuestión de tiempo para que el dinero empezara a fluir a su vida.

La bendición de Dios en la vida de José fue la causa de que él prosperara en todo lo que hizo. Potifar, el hombre que había comprado a José como esclavo, pronto reconoció la unción que había en José y lo puso al cargo de todos sus bienes. Incluso la esposa de Potifar se sentía atraída por la unción que había en José, pero cuando él se negó a acostarse con ella, ella mintió en cuanto a él e hizo que lo echaran en la prisión. Pero Dios estaba con José incluso en la prisión. No mucho tiempo después, el jefe de la cárcel le entregó todo el manejo de la prisión a José y le permitió que la administrara.

Cuando estaba en la prisión, José interpretó los sueños de dos de los siervos de Faraón que habían sido recluidos junto con él. Dos años después, Faraón tuvo dos sueños que nadie pudo interpretar para él y un sirviente le habló de José a Faraón. José fue llevado ante Faraón el cual le dijo: "Me han dicho que tú puedes interpretar sueños" "No yo", contestó José: "Pero Dios interpretará el sueño para ti".

DIOS LES DA SEMILLA A LOS QUE SIEMBRAN.

Esto revela el corazón de José: él siempre puso a Dios en primer lugar. Como era de esperarse, Dios interpretó el sueño por medio de José, y Faraón lo hizo segundo en autoridad sobre todo Egipto. José salvó a Egipto de la hambruna, e hizo a Faraón aún más rico.

José hizo prosperar todas las vidas con las que se puso en contacto. Él era una gran bendición. Él ayudaba a la gente, y con el tiempo él mismo se hizo rico, pero su objetivo principal nunca fue su persona. En primer lugar, José era una bendición para la gente que estaba a su alrededor, y fue por bendecir a otros que él fue exaltado y que finalmente él mismo llegó a ser próspero. Pero inclusive cuando José se hizo rico y poderoso, él no usó esas condiciones para satisfacer sus caprichos. Él usó su posición para salvar a sus hermanos y a las familias de éstos—las mismas personas que en un principio lo habían vendido como esclavo.

José era dadivoso, y él siempre le dio a Dios el primer lugar—ésta es precisamente la actitud que debemos tener. Hoy por hoy, cuando se da una recesión, lo primero que reducen los cristianos son sus donativos, que es lo peor que pueden hacer. Como José, debemos poner a Dios en primer lugar a pesar de nuestras circunstancias. De hecho, cuando vienen tiempos difíciles debemos incrementar lo que damos para que podamos incrementar nuestra cosecha.

La Biblia narra que Isaac, el abuelo de José, sembró en el año que hubo hambruna y cosechó al ciento por uno (Génesis 26:12). Casi todos los demás habían huido de Canaán a Egipto en busca de comida, pero Isaac se quedó. Él decidió sembrar en las tierras que habían sido abandonadas por aquellos que se fueron buscando la prosperidad en el mundo, y él levantó una gran cosecha. Él se hizo muy rico porque plantó la semilla en un tiempo en que todos los demás estaban absteniéndose de invertir sus recursos por el miedo a la pobreza.

La razón por la que Dios quiere bendecirte es que Él quiere que tú puedas ser una bendición. Si tú te encuentras en una recesión, reduce tus gastos personales pero nunca debes reducir tus donativos en las cosas que estás haciendo para Dios. Si Dios puede pasar el dinero a través de ti, Él te traerá el dinero a ti. La prosperidad significa que se tiene una provisión tan abundante que puedes abundar para toda buena obra, lo cual quiere decir que las bendiciones vienen hacia ti cuando tú vives para dar. Las Escrituras dicen:

> *Y el que da semilla al que siembra, y pan al que come, proveerá y multiplicará vuestra sementera, y aumentará los frutos de vuestra justicia.*

2 CORINTIOS 9:10

Esto en realidad no se trata de la agricultura; es una ilustración de un principio espiritual. Un solo grano de maíz que se planta en la tierra producirá una planta que lleve miles de granos de maíz. Cuando tú das dinero, es como plantar una semilla. De la misma manera que plantar una semilla hace crecer una planta nueva que lleva muchas más semillas, dar dinero hace que los recursos económicos aumenten en tu vida.

Esta cita bíblica dice que Dios le da semilla al que siembra—así como Dios le dio a Isaac un ciento por uno de ganancia por la cosecha que él plantó durante una sequía. La gente que abandonó sus tierras y corrió a Egipto en busca de la prosperidad no recibió nada. Dios le dio ganancias a Isaac porque él sembró. Cuando tú das dinero, es como cuando plantas una semilla. Dios le da dinero a la gente cuando son dadivosos. Se nos dice que,

> *Porque los ojos de Jehová contemplan toda la tierra, para mostrar su poder a favor de los que tienen corazón perfecto para con él.*

2 CRÓNICAS 16:9

La palabra *perfecto* aquí significa completo, íntegro, o que está en paz. No está hablando de no tener pecado; está hablando de tener un corazón maduro que tenga una actitud correcta para con Dios. El Señor está buscando por toda la tierra, tratando de encontrar gente que crea en sus promesas y que pongan primero el reino de Dios. Él está buscando gente que dé sinceramente, de corazón, y no como una manera para manipular—que no den solamente para obtener algo. Dios literalmente está buscando por todo el mundo gente a la que pueda darle recursos económicos; gente que sea dadivosa.

Tú podrías darle la vuelta a esto y decir que si a ti constantemente te falta el dinero, si tu mes tiene más días que tu bolsa de dinero, entonces quizá Dios no te ve como una persona dadivosa. Ésa no es la única razón para ser pobre. Yo ya les expliqué acerca de que yo era pobre por la enseñanza equivocada que creí, así que pueden estar sucediendo otras cosas, pero también es posible que no tengas la actitud correcta.

Hay dos actitudes predominantes en lo referente al dinero: la de los que comen y la de los que siembran. Los que comen son los que se enfocan en que todas sus necesidades sean cubiertas; están tratando de establecer su propio reino. Usan sus recursos para comprar todo lo que quieren, y solamente dan cuando sobra algo. Los sembradores, por otro lado, se enfocan en poner a los demás en primer lugar. Los sembradores también necesitan comer, así que esto no quiere decir que no pueden comprar cosas para ellos mismos, pero el deseo de su corazón es dar y buscar primero el reino de Dios. Los sembradores son la clase de gente que Dios está tratando de encontrar en la tierra.

Yo vi un ejemplo muy bueno de esto cuando estaba ministrando en una iglesia hace mucho tiempo. El pastor le dijo a su gente que él creía que Dios le indicó que su iglesia nos diera un donativo de $50,000.00 dólares. En esa época nosotros estábamos pidiéndole a Dios con fe un ingreso extra para terminar un edificio nuevo, y $50,000.00 dólares habría sido un regalo muy grande. El pastor se paró enfrente de su congregación y leyó el versículo que dice que "Dios le da semilla al que siembra". Después él preguntó:

"¿Cuántos de ustedes darían $1,000.00 en esta ofrenda si Dios les diera el dinero?" Cerca de 50 personas se pusieron de pie para decir que ellos darían si Dios les diera el dinero, y el pastor procedió a orar para que les llegara el dinero.

Después de unos cuantos días, algunas de esas personas empezaron a dar testimonios de la manera como Dios estaba proporcionando dinero de manera sobrenatural. Y no hubo ni una sola persona que solamente hubiera recibido $1,000.00 dólares. Dios le estaba dando a la gente entre dos mil y tres mil dólares, así que después de que dieron $1,000.00 en la ofrenda les quedó bastante dinero de sobra. ¡Fue maravilloso! Dios no solamente te da dinero para que bendigas a otros. Él siempre te bendice con dinero extra.

El pastor recogió la ofrenda el lunes por la noche. Uno de los hombres que se levantaron porque quería dar los $1,000.00 dólares, iba a dar el dinero de sus ahorros, pero cuando él asistió a su trabajo el lunes por la mañana le dieron un mejor puesto. Ya se me olvidaron los detalles, ¡pero su ingreso mensual aumentó en unos $4,000.00 dólares por mes! Él quería dar una ofrenda única de $1,000.00 y Dios le multiplicó su ingreso para cada mes del año.

Conforme los testimonios continuaban llegando, otras personas empezaron a darse cuenta de que las personas que dieron no estaban perdiendo dinero cuando daban—en realidad estaban ganando dinero. De repente otras personas empezaron a aparecer diciendo: "Yo también quiero hacer una promesa para dar $1,000.00 dólares". Según lo que yo supe después, no muchas de las personas que dieron después de los testimonios experimentaron el que Dios les diera dinero. Yo creo que se debió a que tenían la actitud equivocada. No estaban tratando de poner primero el reino de Dios al dar; nada más querían hacer algo de dinero extra. Eso era

SI DIOS PUEDE HACER QUE EL DINERO PASE POR MEDIO DE TI, ÉL TE LO TRAERÁ A TI—Y EN POCO TIEMPO TE SOBRARÁ SUFICIENTE PARA TI.

egoísmo. Volviendo al versículo de la carta de Pablo a los Corintios: dar no te beneficia en nada si no lo haces motivado por el amor—aunque tú des todos tus bienes para alimentar a los pobres.

Cuando tú entiendes las finanzas correctamente, te das cuenta de que el objetivo de la prosperidad no eres tú. El objetivo es tener la capacidad para bendecir a otras personas. Cuando tú obtienes esta actitud, entonces experimentarás la realidad de que Dios le da semilla al que siembra. El egoísmo bloquea la prosperidad porque hace que te consumas todos tus recursos. Te transforma en una aspiradora que succiona todo lo que encuentra. Deberíamos actuar de manera opuesta. Los cristianos deberíamos ser como una pistola de aire para limpiar las hojas en el jardín: aventando dinero a diestro y siniestro. Deberíamos imitar a Dios buscando oportunidades para dar y pidiéndole que nos muestre cómo podemos ser una bendición.

Otra cosa que debemos recordar es que la prosperidad no se da de la noche a la mañana. Tú no dejas de ser una persona egoísta para convertirte en un millonario magnánimo de la noche a la mañana por un par de razones. La primera: hay un intervalo de tiempo entre plantar la semilla y cosechar. El fruto no aparece de la noche a la mañana. La segunda: el dinero tiene poder, y quizá tú no tengas todavía la capacidad para manejar la influencia de la prosperidad.

Dios sabe que tú tienes necesidades, y Él quiere cuidar de ti. A Él no le importa si tú vives en una casa bonita o si manejas un buen carro, mientras que tú no te estés gastando todos tus recursos en ti. Cuando tú adoptes la actitud de una persona generosa, y vivas de esa manera por un tiempo, entonces Dios incrementará tus recursos económicos. Si Dios puede hacer que el dinero pase por medio de ti, Él te lo traerá a ti—y en poco tiempo te sobrará suficiente para ti.

EL DIEZMO
Capítulo 7

A mí me enseñaron a creer que el diezmo es obligatorio.[1] Nos decían que le debíamos a Dios la décima parte de nuestro ingreso, y que si no pagábamos seríamos maldecidos. No dar el diezmo, nos decían, es lo mismo que robarle a Dios. "Le estás robando a Dios," nos decían, "y Dios te va a dar lo que te mereces". Afortunadamente, nada de eso es verdad. Dios nos ama sin tomar en cuenta nuestro comportamiento, lo cual incluye el hecho de que diezmemos o no. La acción de dar en el Nuevo Testamento no es una deuda ni una obligación. Las Escrituras dicen:

> *Pero esto digo: El que siembra escasamente, también segará escasamente; y el que siembra generosamente, generosamente también segará. Cada uno dé como propuso en su corazón: no con tristeza, ni por necesidad, porque Dios ama al dador alegre.*

2 CORINTIOS 9:6-7

No sé cómo puedes leer este versículo y aun así tener la idea de que estamos obligados a diezmar, o que estamos maldecidos si no lo hacemos. Dice que se supone que no debemos dar "con tristeza, ni por necesidad". Si la razón por la que pagas tu diezmo es que no quieres estar bajo maldición, entonces quiere decir que lo estás pagando por necesidad y entonces no lo estás haciendo con alegría. Es como si le estuvieras dando un soborno a Dios.

Todos hemos escuchado los relatos de la manera como la mafia recauda dinero para que los negocios tengan protección. Se presentan y hablan de que ha habido una serie de robos o incendios en el área, pero que ellos pueden asegurarse que no le suceda nada a tu negocio mientras tú les pagues en efectivo cada mes. Por supuesto, ellos son los responsables de todos los robos y los incendios provocados, pero si tú les pagas no te destruirán también a ti. En cierto sentido, eso es lo que la gente está enseñando cuando dice que tú estás maldito si no pagas el diezmo. Están diciendo que tienes que diezmar para mantener la maldición fuera de tu vida. Es como pagarle al padrino, en vez de a Dios Padre.

Si es por eso que tú estás dando, entonces estás quebrantando totalmente el propósito que se da en las Escrituras. La Palabra nos dice que no demos con tristeza, ni por necesidad, porque Dios ama al dador alegre. El motivo principal para dar bajo el Nuevo Pacto debería ser un corazón alegre. Deberíamos dar porque queremos, no para pagarle a Dios el soborno. El apóstol Pablo concluye su enseñanza acerca de dar diciendo:

¡Gracias a Dios por su don inefable!

2 CORINTIOS 9:15

Esto sintetiza la razón por la que debemos darle a Dios bajo el Nuevo Pacto: porque Él ya nos ha dado a nosotros de manera ilimitada. Dios ha proveído todo para nosotros, y lo que damos en realidad es una expresión de la apreciación que tenemos por todo lo que Él ha hecho por nosotros. Esto se refiere al versículo que dice que todo lo que hacemos no produce ningún beneficio a menos que sea motivado por el amor (1 Corintios 13:3).Repito, el motivo en el trasfondo de tu regalo es más importante que tu regalo.

Algunas personas son muy rigurosas respecto al diezmo. Insisten en la maldición por no diezmar y hablan de la ira de Dios. No me gusta desilusionar a esas personas, pero las Escrituras dicen que hemos sido redimidos de la maldición de la Ley. Dios no se enoja contigo si tú no diezmas—yo creo que es tonto no diezmar, pero aun así Dios te ama aunque no lo hagas. Algunas personas, han reaccionando en contra de la enseñanza de la maldición por no diezmar, se han ido al otro extremo y dicen que el diezmo era una cuestión del Antiguo

Testamento. Piensan que no tiene ninguna relación con nuestras vidas hoy. Yo no creo que eso sea verdad. No estamos maldecidos si no diezmamos, pero el diezmo sigue siendo para nuestro beneficio.

TÚ NO ESTÁS BAJO UNA MALDICIÓN SI NO DIEZMAS.

La primera vez que el diezmo se menciona en las Escrituras fue cuando Abraham le dio los diezmos a Melquisedec, el rey de Salem. Fue en la misma ocasión cuando Abraham se negó a quedarse con el dinero del rey de Sodoma porque él no quería que nadie pudiera decir que lo habían enriquecido. Abraham sabía que él era rico sólo porque Dios lo había bendecido. Este incidente sucedió más de 400 años antes de que Moisés le diera la Ley a Israel.

Hemos sido redimidos de la maldición de la Ley, y no estamos bajo el yugo del legalismo en cuanto al diezmo, pero también debemos reconocer que diezmar era un principio Bíblico antes de que la Ley apareciera. Abraham no estaba viviendo bajo la Ley, sin embargo él diezmaba. Yo creo que se supone que nosotros también debemos diezmar. En realidad yo pienso que el diezmo es un punto de partida. Todo lo que tenemos en el Nuevo Pacto es muy superior al Antiguo Pacto, por lo tanto yo creo que deberíamos estar haciendo más que lo que se requería bajo la Ley. Veamos el pasaje clásico de Malaquías que se usa para enseñar acerca del diezmo:

¿Robará el hombre a Dios? Pues vosotros me habéis robado. Y dijisteis: ¿En qué te hemos robado? En vuestros diezmos y ofrendas. Malditos sois con maldición, porque vosotros, la nación toda, me habéis robado. Traed todos los diezmos al alfolí y haya alimento en mi casa; y probadme ahora en esto, dice Jehová de los ejércitos, si no os abriré las ventanas de los cielos, y derramaré sobre vosotros bendición hasta que sobreabunde. Reprenderé también por vosotros al devorador, y no os destruirá el fruto de la tierra, ni vuestra vid en el campo será estéril, dice Jehová de los ejércitos.

MALAQUÍAS 3:8-11

Casi todo aquel que enseña respecto al diezmo cita este pasaje. Por lo común, se usa como un garrote para golpear a la gente para someterla. Pero hay una gran diferencia entre el castigo que vino por desobedecer la Ley bajo el Antiguo Pacto, y la gracia bajo la que vivimos en el Nuevo Testamento. La motivación para diezmar hoy procede de nuestra apreciación por lo que Dios ha hecho en nuestras vidas. Debería darse como una respuesta de amor que procede del corazón, del deseo de bendecir a la gente. Nosotros no diezmamos en un esfuerzo por observar la Ley. De hecho, el solo hecho de intentarlo sería una mala idea.

> *Porque todos los que dependen de las obras de la ley están bajo maldición, pues escrito está: Maldito todo aquel que no permaneciere en todas las cosas escritas en el libro de la ley, para hacerlas.*

> GÁLATAS 3:10

Eres maldito si no guardas toda la Ley. No puedes nada más observarla en parte, o hacer lo mejor que puedas y esperar que Dios compensará lo que falte. No, ¡si no observas todas las palabras de la Ley entonces estás maldito! Es por eso que Jesucristo vino, porque somos totalmente incapaces de guardar toda la Ley. Es imposible. La gente que está tratando de decir que estás maldecido si no diezmas está fallando en este punto. O confías en la gracia de Dios, o rechazas el sacrificio de Jesús y pones tu confianza en tu propio comportamiento renunciando a la gracia de Dios. Tú tienes que ser perfecto al 100% —nunca cometer ni un error en pensamiento, palabra, u obra durante toda tu vida— o tienes que llenarte de humildad y recibir el don de la gracia de Dios. Tratar de satisfacer la Ley por medio del pago de un diezmo no va a ayudar. Las Escrituras dicen:

> *Y que por la ley ninguno se justifica para con Dios, es evidente, porque: El justo por la fe vivirá; y la ley no es de fe, sino que dice: El que hiciere estas cosas vivirá por ellas. Cristo nos redimió de la maldición de la ley, hecho por nosotros maldición (porque está escrito: Maldito todo el que es colgado en un madero, para que en Cristo Jesús la bendición de Abraham alcanzase a los gentiles, a fin de que por la fe recibiésemos la promesa del Espíritu.*

> GÁLATAS 3:11-14

¡Hemos sido redimidos de la maldición de la Ley! Este pasaje no podría ser más claro. El versículo de Malaquías dice que "eres maldito con maldición" si no diezmas—esto es exactamente de lo que hemos sido redimidos. Toda la actitud de que Dios te va a castigar por no pagar el diezmo no es Bíblica. La iglesia a la que asistí cuando era niño acostumbraba decirnos que si no pagábamos nuestro diezmo, Dios se lo iba a cobrar por medio de honorarios del Doctor. Era eso o Él haría que tu carro se descompusiera o que tu lavadora de platos dejara de funcionar, a algo parecido.

Te digo la verdad, Dios no se relaciona con nosotros de esa manera bajo el Nuevo Pacto. Cristo nos liberó de la maldición de la Ley. Dios no está en tu contra. Él no te va a quitar dinero si no diezmas. Tratar de pagarle a Dios como si Él fuera un miembro de la mafia es una actitud equivocada. Tú no te vas a beneficiar de esa manera de dar.

También vale la pena mencionar que el pasaje de Malaquías dice que la maldición viene por robar a Dios en los diezmos y las ofrendas. La gente que usa este versículo para enseñar respecto al diezmo desde la perspectiva de la Ley, cómodamente pasa por alto el hecho de que también tienes que dar ofrendas para guardar la Ley. Yo nunca me he sentado para calcularlo pero he escuchado a otros ministros decir que el monto de las ofrendas era mayor que el del diezmo. Había tantas ofrendas que, el monto total de los donativos obligatorios era como un 33%. Así que si estás tratando de vivir por la Ley, estás bajo maldición a menos que estés dando por lo menos el 33%.

Varias personas me han criticado por enseñar que no estamos bajo maldición si no diezmamos, pero no tienen nada que decir cuando señalo que Malaquías menciona los diezmos y las ofrendas. Puedo garantizarte que la mayoría de la gente que es tan inflexible respecto a la maldición por no diezmar no está dando el 33%. Pero es hipocresía decir que estás maldito por no pagar los diezmos y abstenerse de las ofrendas.

Cristo nos ha redimido de la maldición de la Ley, así que no estamos malditos bajo el Nuevo Pacto por no diezmar. El motivo para dar tiene que ser un corazón alegre; pero tú puedes ver razones legítimas en cuanto a por qué el diezmo es benéfico. Es como el agricultor que siembra la semilla para obtener una cosecha. Dios te da semilla, y tú decides qué hacer con esa semilla. Tú puedes comerte toda la semilla que Dios te da, o puedes plantar una parte de la semilla y obtener una cosecha que te garantizará que tendrás algo para comer el próximo año. Plantar semillas asegura una cosecha futura, y diezmar mueve los recursos económicos hacia tu futuro—además del beneficio eterno. El dinero es como una semilla, y cuando tú consumes cada dólar que te llega, no estás invirtiendo en tu futuro.

Dios te ama aunque tú te comas toda tu semilla, pero no te sorprendas cuando el dinero se te acabe y entonces le estés clamando a Dios porque no está cubriendo tus necesidades. No es su culpa que te hayas comido toda tu semilla. Tú tienes que ser disciplinado para tomar una porción de lo que Dios te ha dado y sembrarla para tu futuro. El diezmo es un punto de partida; finalmente, tú deberías desear dar aún más del 10%. Dios sigue amándote, sea que des 90%, 11%, o absolutamente nada. El diezmo no tiene nada que ver con la manera como Dios se relaciona contigo, pero sigue habiendo un beneficio por diezmar.

Dios el Padre puso toda Su ira sobre Jesús, así que Él no se enoja contigo si no diezmas. Él ni siquiera está de mal humor. Jesucristo se convirtió en maldición para que nosotros no tengamos que ser malditos. Ya no estamos viviendo bajo el yugo de la Ley. Nosotros no diezmamos para apaciguar a Dios; lo hacemos porque apreciamos todo lo que Dios ha hecho por nosotros, y porque es la decisión más sabia. Ya no hay un castigo relacionado con el diezmo, y éste no cambia la manera como Dios nos ve.

NOSOTROS NO DIEZMAMOS PARA APACIGUAR A DIOS; LO HACEMOS PORQUE APRECIAMOS TODO LO QUE DIOS HA HECHO POR NOSOTROS.

EL DIEZMO

Pero el que sólo se haya quitado el castigo por no diezmar, no significa que deberíamos dejar de dar. Es parecido a la manera como los padres le enseñan a sus hijos a hacer lo correcto usando el castigo, o la amenaza del mismo, para mantener a los niños bajo control. Yo crecí en una calle muy transitada y mi mamá acostumbraba amenazarme con que me iba a dar una paliza si alguna vez me cruzaba la calle sin voltear a ver en ambas direcciones. De hecho, ¡ella tuvo que darme palizas varias veces! Ella lo hizo porque me amaba, y no quería que me atropellara un carro. Mi mamá ya no está presente para darme palizas, pero yo sigo volteando a ver en ambas direcciones antes de cruzarme la calle porque es lo más sabio.

Esto es algo muy parecido a la diferencia entre cómo Dios se relacionaba con Israel bajo el Antiguo Pacto y cómo se relaciona con los cristianos bajo el Nuevo Pacto. Los creyentes del Antiguo Testamento no tenían la capacidad para entender por qué debían hacer o dejar de hacer ciertas cosas porque la mente natural no puede entender las cosas de Dios.

Pero el hombre natural no percibe las cosas que son del Espíritu de Dios, porque para él son locura, y no las puede entender, porque se han de discernir espiritualmente.

1 Corintios 2:14

Las gentes que estaban bajo la Ley estaban muertas espiritualmente, así como lo están todas las gentes hasta que son vueltas a nacer por creer en Jesús. Dios no podía explicarles los beneficios espirituales del comportamiento santo, así que, en cierto sentido, Dios los trataba como a niños y los amenazaba con el castigo para evitar que se lastimaran a sí mismos. Tú no puedes entrar en razón con un niño pequeño, pero tampoco puedes esperarte a que un niño cumpla 20 años para empezar a enseñarle la diferencia que hay entre lo que está bien y lo que está mal. Así que tú usas el castigo como una herramienta hasta que él o ella tengan la edad suficiente para razonar. Pero el castigo solamente es una solución temporal. Tú no vas a, o no deberías, seguir haciendo lo correcto con base en el temor al castigo cuando tengas 50 o 60 años de edad. Algo estaría muy mal si así fuera. Como adulto, tú haces lo correcto porque entiendes que las acciones tienen consecuencias.

Así era con la humanidad. Antes de que Jesucristo viniera y trajera el nuevo nacimiento, la gente no tenía la motivación correcta en sus corazones y no podían entender cosas espirituales, así que Dios les dijo lo que deberían hacer y lo reforzó con el castigo. Es por eso que el libro de Malaquías dice que la gente de Israel estaría bajo maldición si no diezmaban. Hasta un hombre perdido podía entender que era para su interés propio diezmar cuando la alternativa era ser maldecido.

Ahora que somos vueltos a nacer, y que el Espíritu de Dios vive en nosotros, Él ha quitado la maldición. Es como si ahora fuéramos adultos, y Dios ya no está tratando de hacer que nos portemos bien por medio de la amenaza del castigo. Ahora, hacemos lo correcto con base en un buen corazón y porque entendemos las cuestiones espirituales. Yo doy diezmos y ofrendas porque es una manera de mostrar mi fe y de usar los recursos económicos que Dios me dio para ayudar a establecer su reino. Yo creo en el diezmo así como todavía volteo a ver en ambas direcciones antes de cruzar la calle; sólo que doy con un motivo diferente y no con el que lo hicieron en el Antiguo Testamento.

Hace mucho tiempo, un hombre escuchó mi prédica acerca de que dar con base en un sentimiento de obligación no te reditúa ningún beneficio, y él decidió cambiar la manera como estaba dando. Él era de los que calculaba el importe de su cheque hasta el último centavo. El meollo del asunto era que él diezmaba porque se sentía obligado a darle a Dios el 10 por ciento de su ingreso. En ese tiempo, él ganaba aproximadamente unos $3,000.00 dólares al mes, lo cual era mucho dinero en ese entonces; pero aun así él sentía que no le alcanzaba el dinero. Así que después de que escuchó mi enseñanza, él y su esposa decidieron que iban a empezar a dar como se propusieran en su corazón. Él dejó de calcular su diezmo con exactitud, y empezaron a dar lo que querían.

Unos seis mese después, él se dio cuenta de que tenían más dinero en el banco de lo que habían tenido antes. Su primera reacción fue: "Seguramente he disminuido lo que doy". Antes del cambio que hubo en su corazón, él pagaba su diezmo como una factura. Él lo ponía en la misma columna con todas sus otras deudas y lo pagaba cada mes como reloj. De acuerdo a su manera de pensar, si había dinero extra en su cuenta significaba que no estaba pagando su "deuda del diezmo". Así que él volvió a sumar sus cheques de los últimos seis meses para ver cuánto había dado. Lo que descubrió lo sorprendió: él había incrementado sus donativos hasta un 24% de su ingreso. Él estaba dando más del doble de lo que habían dado con anterioridad, sin embargo él era más prospero que nunca—porque Dios lo estaba prosperando de manera sobrenatural.

Cuando tú das con tristeza, o por necesidad, o porque piensas que Dios te va a romper las rótulas si no pagas lo que debes, no te reditúa ningún beneficio. Obtienes cero beneficios de esa clase de donativos. La gente a la que le das se beneficiará, pero el dinero no volverá a ti. Esa clase de donativos no influenciarán tu futuro. Tú tienes que dejar la mentalidad de obligación del Antiguo Testamento y debes empezar a dar con un corazón alegre si quieres ver un rendimiento de lo que das.

Las Escrituras dicen "Dad, y se os dará; medida buena, apretada, remecida y rebosando darán en vuestro regazo; porque con la misma medida con que medís, os volverán a medir" (Lucas 6:38). Pero si eso fuera todo en cuanto a la prosperidad, entonces casi todos los cristianos serían prósperos. Si todo lo que tuvieras que hacer fuera dar y, boom, recibes lo que diste multiplicado por cien, entonces todas las iglesias estarían llenas de millonarios. A ti probablemente te sorprendería el total si tomaras todo lo que has dado durante toda tu vida y lo sumaras y lo multiplicaras por 100; cada monto de diez mil que has dado sería el equivalente a un millón de dólares en rendimiento. Entonces, ¿por qué es que no todos los creyentes no han visto esa clase de rendimiento? Porque el motivo en el trasfondo de tu regalo es más importante que el regalo en sí.

¡DIOS AMA AL DADOR ALEGRE!

Algunas personas han estado dando fielmente durante mucho tiempo, pero lo han estado haciendo con una motivación equivocada. Les han enseñado que deben diezmar por obligación y lo que han hecho es pagar una deuda, o lo han estado haciendo para apaciguar a Dios. Esa manera de dar beneficia a la iglesia a la que le estás expidiendo tus cheques, pero no te va a beneficiar a ti en esta vida. Tú no vas a obtener un rendimiento al ciento por uno de lo que das. Tú tienes que plantar tu semilla en forma de dinero con un corazón alegre, motivado por el amor, porque tu regalo se arruina cuando lo das con un motivo equivocado.

Yo creo que diezmar es algo virtuoso, y creo que todos los cristianos deberían diezmar. En el Antiguo Testamento las personas daban porque estaban obligadas, pero para nosotros lo que damos debería fluir de una revelación del amor de Dios por nosotros. No quiero que nadie piense que estoy diciendo que los cristianos están exentos del diezmo, o que no deberíamos darle al Señor. Solamente estoy diciendo que necesitamos purificar nuestros motivos. De hecho, yo creo que si los creyentes del Antiguo Testamento dieron el 10%, entonces los santos del Nuevo Testamento deberían dar por lo menos eso. Pero tenemos que aprender a dar con alegría.

Como una mala actitud anula lo que das, es mejor darle a Dios un 1% o 2% con alegría, que darle el 10% con una mala actitud. Supongamos que tienes cien semillas. ¿Sería mejor que plantaras diez de esas semillas y que nada creciera, o que plantaras una semilla que en realidad produjera fruto? Sería mejor plantar una semilla que en realidad produjera fruto que plantar diez semillas que no producen nada. Lo mismo es verdad en relación a lo que das: sería mejor dar un poco con la actitud correcta que dar el 10% sin ningún beneficio. También edificaría tu fe ver que recibes una retribución de lo que das con la actitud correcta. El Señor dijo:

EL DIEZMO

Traed todos los diezmos al alfolí y haya alimento en mi casa; y probadme ahora en esto, dice Jehová de los ejércitos, si no os abriré las ventanas de los cielos, y derramaré sobre vosotros bendición hasta que sobreabunde.

MALAQUÍAS 3:10

Hasta donde yo sé, ésta es la única instancia en las Escrituras donde el Señor dice "probadme". Esencialmente, Él está diciendo: *"¡Inténtalo, y ve si no funciona!"* Casi todo lo demás que el Señor dijo era una orden: Haz esto o no hagas lo otro. Pero en relación al diezmo, Él dijo "pruébame". Yo creo que Él lo dijo de esta manera porque él sabe que a la gente le da miedo tomar una porción de lo que necesitan para sobrevivir y regalarla. Cuando tú dependes de tu dinero para pagar las cuentas y comprar los víveres, es difícil poner tu confianza en un Dios al que no puedes ver. Dios sabe eso de nosotros, así que él dijo: "Pruébame".

Cuando tú empiezas a dar, quizá sea mejor para ti que des un dos o un cinco por ciento, si eso es lo que puedes confiarle a Dios, pero que lo hagas con gozo y paz. Si eso es lo que puedes dar con alegría, entonces empieza allí. Es mejor dar un porcentaje pequeño con alegría que diezmar con temor. Yo creo que con el tiempo deberíamos dar más del 10%, pero debes empezar con lo que te sientas cómodo—o con lo que "te propusiste en tu corazón".[2]

No estoy motivando a la gente que está dando un 10% a que reduzcan lo que dan. Solamente estoy diciendo que el motivo en el trasfondo de tu regalo es más importante que la cantidad del regalo. Así que si tienes que reducir tus donativos hasta que tu fe se edifique y que puedas dar el 10% con corazón bueno, entonces hazlo. Pero con el tiempo deberías llegar al punto en que digas: "Dios, éste es tu dinero. ¿Qué quieres que haga con esto?" Todo se reduce al motivo de tu corazón.

Dar por temor es lo mismo que dar "con tristeza", y dar por la manipulación o la condenación es lo mismo que dar "por necesidad". Dar con esos motivos no te beneficia en nada.

Desafortunadamente, tú a veces escuchas a ministros en la iglesia o en la televisión que manipulan a la gente para que den "por necesidad". De hecho escuché a alguien, en un programa de la televisión para recaudar fondos que dijo que a cualquiera que diera $1,000.00 dólares en los siguientes diez minutos Dios le iba a abrir los cielos y a derramar toda clase de bendiciones. Eso no es recaudar fondos, ¡es soborno! Además, Jesucristo ya abrió los cielos para nosotros, y nada de lo que hagamos cambia eso. Por supuesto, cuando pasaron los diez minutos, el ministro en la televisión dijo: "Creo que el Señor está dando una prórroga de otros siete minutos". En serio, sería gracioso si no fuera algo tan lamentable la manera como los creyentes son manipulados sistemáticamente para dar.

Lo triste es que la única razón por la que esas personas hacen cosas como esas es porque sí funciona. Por lo general, el cuerpo de Cristo es tan inmaduro en las cuestiones financieras que la gente cae en cualquier treta. Y entonces esos ministros ven la respuesta que obtuvieron y dicen: "¡Funcionó!" "¡Hazlo de nuevo!" Ahora tenemos gentes que están haciendo cientos de millones de dólares porque los creyentes están dando a favor de la manipulación y piensan que pueden comprar las bendiciones de Dios. "Tienes que participar en esta ofrenda en los próximos cinco minutos", dicen, "porque después de eso Dios va a detener sus bendiciones". Pero las bendiciones de Dios no vienen con fecha de caducidad.

Los cristianos no deberían caer en esa clase de coerción. La única manera de dar que es aceptable para Dios es cuando te lo propones en tu propio corazón y lo das con alegría—no con tristeza ni por necesidad. No vas a comprarle prosperidad a Dios, ni a obligarlo a que te bendiga—así como tampoco tienes que pagarle dinero para que te proteja y mantenga la maldición de la Ley fuera de tu vida. Todo eso es manipulación y condenación, y dar con esos motivos no te reditúa nada.

Cuando yo tenía 18 años de edad, fui a escuchar a un hombre en una iglesia Bautista en Texas. Él dijo: "Si tú fueras a ver una película, pagarías $3.00 dólares para entrar. No quiero que algunas personas den $20.00 o $50.00 dólares en esta ofrenda; lo único que quiero es que cada uno de los aquí presentes dé $3.00 dólares". (Pagar $3.00 dólares por un boleto para el cine te da una idea de hace cuánto sucedió esto). Él dijo: "Quiero que todos tomen sus $3.00 dólares y que levanten su mano para que yo pueda ver. Si no los tienes, entonces tómalos prestados de tu vecino. Vamos a esperar hasta que todos tengan sus $3.00 dólares arriba".

Yo había empezado a emocionarme mucho por el Señor en esa época de mi vida, y estaba sentado al frente. Sí tenía $3.00 dólares en mi cartera, pero no estaba dispuesto a participar una ofrenda como esa. Así que me senté en la fila de enfrente con mis brazos cruzados sobre mi pecho, viendo al pastor a los ojos y pensando: "¡Te reto a que me señales y que argumentes al respecto. Dame una oportunidad, y me pondré de pie en frente de la gente y te reprenderé!" Nunca me vio a mí, pero continuó presionando a la gente para que levantaran sus $3.00 dólares.

Algunas personas podrían pensar que yo tenía una mala actitud, pero no la tenía. Lo reté porque pienso que esa clase de manipulación está mal; y cada vez que te sometes es como cuando votas por un político. Él sube al poder y continúa haciendo lo que lo puso allí. Pues bien, si votaste por esa persona entonces no tienes derecho a quejarte por la manera como opera. Tú eres el que le dio poder. Si el cuerpo de Cristo dejara de darle a la gente que usa la manipulación, entonces esos ministros se quedarían sin negocio; no estarían en la televisión, y no estarían en posición para continuar manipulando a la gente.

Algunas organizaciones que usan esas tácticas reciben millones de dólares cada año. Han aprendido cómo influenciar a la gente para que les den dinero. Está mal, pero eso no va a cambiar a menos que aprendamos a dar con el motivo correcto. Las Escrituras dicen que deberíamos estar motivados por el amor en lo que damos, no por la culpa. *¡Dios ama al dador alegre!* Te invito a que des y a que diezmes, pero no lo hagas con base en el temor o la culpa, hazlo porque amas a Dios y quieres mostrarle tu aprecio por todo lo que Él ha hecho por ti. Cuando tú purificas tus motivos para diezmar, y empiezas a hacerlo como deseas en tu corazón, entonces empiezas a ver una retribución al cien por uno de lo que das—y probablemente te darás cuenta de que quieres dar mucho más que el diez por ciento.

[1] Diezmo significa una décima parte, y diezmar es la acción de darle la décima parte de tu ingreso a Dios.
[2] Véase 2 Corintios 9:7

DA DONDE TE ALIMENTAN
Capítulo 8

Muchas gentes están confundidas en cuanto a dónde deben dar sus diezmos y sus ofrendas, o la manera como deberían ser utilizados. Las Escrituras dicen: "Traed todos los diezmos al alfolí" (Malaquías 3:10). En el Antiguo Testamento, el diezmo se daba para la obra de Dios. Se le daba a un sacerdote que ofrecía los sacrificios, o era llevado directamente al Templo (por los que vivían en Jerusalén). Había otras ofrendas que la gente tenía que pagar, pero el diezmo se les daba a los ministros; así es como Dios sustentaba a los ministros que estaban haciendo la obra de Dios.

La mayoría de los pastores enseñan que el alfolí es tu iglesia local, y que las iglesias satélites y los ministerios de caridad deben recibir sus ingresos de las ofrendas que se dan aparte del diezmo. En un mundo perfecto, yo estaría de acuerdo con eso, pero no vivimos en un mundo perfecto. Basado en una interpretación estricta, el alfolí es donde tú pones tu comida. En la época del Antiguo Testamento, era donde se colgaba la carne y se guardaba el grano, y cuando tenían hambre iban allí para tomar algo para comer. Se podría decir que un alfolí es el lugar a donde ibas para tomar algo para comer. Podrías decir que un alfolí es donde te alimentas—así que deberías dar tu diezmo donde te alimentas, y es posible que ese lugar no sea tu iglesia local.

Sin embargo, tenemos que reconocer que las iglesias hacen más que enseñar la Palabra. Una iglesia fomenta la camaradería y es una parte importante del crecimiento espiritual. Tú necesitas la madurez que viene por medio de la amistad con otros creyentes

Una buena iglesia local te ayuda en el crecimiento de tus hijos y les proporciona un lugar para que conozcan a otros niños cristianos. Ofrece consejería personal y consejería matrimonial. Tu pastor local te ayuda a lidiar con las penas y te apoya cuando estás pasando tiempos difíciles.

Una buena iglesia local hace muchas cosas que un ministro de la televisión no puede hacer por ti. Tú no puedes llamarme a la media noche cuando se presenta una tragedia. Tú no puedes reunirte en mi casa para convivir con otros creyentes, y yo no puedo visitarte y llevarte comida cuando uno de tus seres queridos muere. Si eres un miembro de una buena iglesia local que está predicando la Palabra, ayudando a las viudas y a los huérfanos, y haciendo lo que se supone que una buena iglesia debe hacer, entonces debes diezmar en tu iglesia—sin lugar a dudas.

Desafortunadamente, yo no creo que la mayoría de las iglesias estén enseñando acerca de la gracia de Dios y predicando el verdadero Evangelio. La pregunta que me hacen con frecuencia, viene de la gente que está buscando una iglesia que enseñe acerca del amor de Dios y de la obra terminada de Jesucristo. Según lo que yo he observado, yo diría que la mayoría de los creyentes no asisten a una iglesia que verdaderamente esté predicando la Palabra de Dios. Mucha gente asiste a iglesias que no consideran buenas, pero allí van porque se sienten obligados o porque no tienen otras opciones. Quizá toda su familia asiste a esa iglesia en particular, o es la iglesia a la que siempre han asistido y no quieren cambiar.

De hecho, muchas gentes están asistiendo a iglesias que predican cosas que son totalmente contrarias al mensaje del Evangelio. Salen de la iglesia sintiéndose condenados y regañados—exactamente lo contrario a lo que se supone que la iglesia debe hacer. Estaría mal que yo te dijera que des tu diezmo en la iglesia local y que no le pusiera el requisito de que sea una buena iglesia local; una que está cubriendo las necesidades de sus miembros.

DA DONDE TE ALIMENTAN

Sí importa dónde plantas tu semilla. Algunas personas piensan que como Dios ve sus corazones cuando dan, ellos cosecharán un beneficio de lo que dan sin tener en cuenta lo que la iglesia hace con su dinero, pero eso no es verdad. Tú serías un agricultor muy pobre con esa clase de actitud. Tú no puedes esperar obtener los mismos resultados cuando echas tu semilla en el pavimento que cuando la plantas en tierra fértil. Además, cada vez que tú le das dinero a una iglesia o a un ministro, estás dando tu voto a favor de la manera como se comportan. Cada vez que le das dinero a una iglesia, estás apoyando lo que hace—sea bueno o malo—; por lo tanto es muy importante el lugar donde das tu dinero.

No estoy diciendo que la iglesia tiene que ser perfecta—ninguna iglesia lo es. Quizá tu iglesia no se saca un diez en todo, pero están predicando la verdad y son una luz en la comunidad. En ese caso, yo te recomiendo que des tu diezmo allí porque tú necesitas lo que la iglesia local ofrece. Pero si tú te sientes peor después de asistir a la iglesia que cuando llegaste allí, o esa iglesia está apoyando causas que están en contra de la Palabra, o no hacen nada en la comunidad, entonces no deberías estar subvencionando eso con tus donativos.

Las Escrituras nos dicen que llevemos nuestros diezmos al alfolí, así que deberíamos dar donde somos alimentados espiritualmente. Está mal que contribuyas con tu dinero para algo con lo que no estás de acuerdo, y que después vayas a recibir tu alimento espiritual de ministros a los que no apoyas. Es como comer en un restaurante y después pasarte al restaurante de enfrente para pagar por tu comida. No, tú pagas tu cuenta donde comiste—y tú deberías dar tu diezmo donde te alimentan. Si no estás recibiendo alimento espiritual en tu iglesia local, entonces no deberías diezmar allí.

Yo viajo mucho. No es nada fuera de lo común para mí que yo esté fuera de la ciudad tres domingos de cada mes. Por lo tanto no asisto a mi iglesia local todos los fines de semana. Doy en mi iglesia local cuando estoy allí pero no doy el monto total del diezmo de

EL LUGAR DONDE DAS TU DINERO ES IMPORTANTE. mi ingreso porque a lo mejor nada más voy a asistir seis o siete veces durante todo un año. No recibo mucho alimento espiritual de parte de mi iglesia, y mis hijos ya crecieron, así que mi esposa y yo repartimos nuestros donativos. Doy mucho más del 10% de mi ingreso, pero distribuyo mi diezmo y mis donativos entre mi iglesia y los otros ministerios que me alimentan espiritualmente.

También debemos recordar que dar donde somos alimentados no debe ser el único criterio para dar. Si ésa fuera la única razón para dar, entonces los misioneros que laboran en países lejanos no tendrían nada de ingreso, y nadie estaría ayudando a las viudas y a los huérfanos. La gente a la que los misioneros ayudan con frecuencia es pobre y no pueden recibir apoyo de ellos. Los misioneros necesitan socios financieros que les ayuden a expandir el Evangelio, pero que no se benefician directamente de su ministerio. Así que dar donde eres alimentado no es la única pauta para diezmar, pero yo creo que debería ser la principal.

Tu diezmo, o por lo menos una parte de éste, debe ir al ministerio que te está alimentando espiritualmente. Quizá las viudas y los huérfanos no te ministran a ti, pero es virtuoso dar y apoyarlos— eso podría clasificarse como donativos de caridad. También hay donativos que son para la obra misionera. Así que no todo lo que das debería ir a donde te alimentas, pero sí la mayor parte.

Una buena iglesia local te alimentará espiritualmente de maneras que ningún otro ministerio puede hacerlo. El cuerpo de Cristo depende de la iglesia local. Si no tuviéramos iglesias locales para cubrir nuestras necesidades, y nada más dependiéramos de los que predican en la televisión, entonces el cuerpo de Cristo estaría en una situación de crisis. La iglesia local es la columna vertebral del cuerpo, y lo mejor para ti es que asistas a una buena iglesia local donde puedas dar tu diezmo—pero no des tu diezmo en una iglesia muerta.

En primer lugar, si estás en una iglesia muerta entonces ¡salte! Busca hasta que encuentres una iglesia que esté predicando el Evangelio y después da tu diezmo en esa iglesia y usa tus ofrendas para ayudar a otras partes del cuerpo de Cristo. Quizá tú vives en una área rural con opciones limitadas, o tu cónyuge sólo quiere asistir a una iglesia en particular, o alguna otra cosa te mantiene atado a una iglesia que no predica el Evangelio. Si por alguna razón no puedes encontrar una buena iglesia local o no puedes salirte de la iglesia muerta en la que estás, entonces, por lo menos, no deberías dar todo tu dinero allí. La mejor opción es que te salgas de una iglesia muerta, pero si no puedes—o no—quieres, entonces por lo menos deberías distribuir tu diezmo.

Este principio de dar donde te alimentas espiritualmente es muy simple, y resolvería muchos problemas si los creyentes lo siguieran. Los predicadores que están mintiendo y manipulando a la gente para obtener su dinero en realidad no están alimentando al cuerpo de Cristo. Se les acabaría el negocio si dejáramos de darles dinero. Tendrían que inventar otra estratagema y hacer otra cosa con sus vidas. Entonces la gente que verdaderamente está alimentando a los cristianos estaría recibiendo todos los recursos y tendríamos una abundancia de recursos. Las iglesias buenas no tendrían que lavar carros ni vender comida para recaudar fondos.

Nuestro programa de televisión tiene la capacidad para alcanzar a tres mil millones de personas a diario. No sé cuál es el porcentaje de personas que en realidad ve el programa, pero digamos que es un 1%, lo cual equivale a unos 30 millones de personas. Si 30 millones de personas estuvieran siendo motivadas y edificadas en la Palabra por nuestro ministerio, y empezaran a mandarnos dinero porque los estamos alimentando espiritualmente, no estoy seguro si sabríamos qué hacer con todo eso. Sin embargo solamente un pequeño porcentaje de nuestros televidentes le da

EL RENDIMIENTO DE LO QUE DAS VA A DEPENDER EN CIERTO GRADO DE LO FÉRTIL QUE ES LA TIERRA EN LA QUE ESTÁS SEMBRANDO.

donativos al ministerio. Estoy seguro de que hay mucha gente que está siendo alimentada por nosotros, pero están dando su dinero en otras partes porque no conocen este simple principio de dar donde eres alimentado.

Dar donde eres alimentado también marcará una diferencia para ti. El rendimiento de lo que das va a depender en cierto grado de lo fértil que es la tierra en la que estás sembrando, así como hay una diferencia entre plantar en la tierra y el concreto. Si tú le das a una iglesia o ministerio que en realidad no está llevando a cabo la obra del Señor, entonces vas a obtener un rendimiento mínimo. Cuando tú plantas tu semilla en un lugar que es fructífero y que está ministrando la Palabra de Dios, entonces vas a recibir un mejor rendimiento. No des donde te ruegan y te presionan, o donde siempre has dado—da donde eres alimentado espiritualmente. ¡Trae los diezmos al alfolí! Cualquiera que sea el lugar donde obtienes tu alimento espiritual, allí es donde debes dar; es así de simple.

Deja de dar donde te coaccionan, te intimidan, y te condenan. De hecho en una ocasión a mí me abordó una mujer que tenía una carta personal que decía: *Estimada Estela*—o cualquiera que fuera el nombre—*Dios me levantó a las tres de la mañana y me dio tu nombre y me dijo que te dijera que si me mandas $1,000.00 dólares, todas las gentes por las que estás orando serán salvas.* La carta continuaba con promesas de sanidad, prosperidad, y liberación si ella mandaba algo de dinero.

Ella era una mujer pobre, y me dijo que apenas si había juntado $1,000.00, pero que no estaba segura si debería darlos. Por otra parte se sentía obligada porque la carta era personal y el ministro decía que Dios lo había despertado a las tres de la mañana con un mensaje especial para ella. Ella dijo: "¿qué debo hacer?" Yo tomé la carta y la despedacé. Tuve que explicarle que esa misma carta producida por una computadora probablemente había sido enviada a miles de personas. Pero la razón por la que esos sinvergüenzas mandan ese tipo de cartas es que los cristianos verdaderamente responden mandando dinero.

No me gusta decirlo, pero yo creo que gran parte de las donaciones en el cuerpo de Cristo es en respuesta al ruego o a alguna otra clase de coerción emocional. Algunos predicadores están recaudando mucho dinero manipulando a la gente y haciendo toda clase de cosas impías, y me preocupa que los cristianos respondan a eso. El cuerpo de Cristo le está dando poder a esos predicadores y está perpetuando toda esa manipulación dando dinero para apoyarlos. Es posible que algo bueno pueda resultar de esa clase de donativos porque Dios puede usar cualquier cosa, pero esas prácticas están mal. Si aprendiéramos las directrices bíblicas que nos dicen cuándo y por qué dar, entonces mataríamos de hambre a los charlatanes. La gente que verdaderamente está predicando la Palabra de Dios tendría tanta abundancia que nunca más tendrían que mencionar el dinero.

Dar porque estás en una situación desesperada y alguien dijo que Dios satisfará tus necesidades es un principio que no es santo. En cierto sentido, es como tratar de comprar un milagro. Al respecto, el libro de Hechos relata una anécdota acerca de un hombre llamado Simón que había tratado de hacer lo mismo. Simón había sido un mago en Samaria, pero él había sido vuelto a nacer cuando escuchó a Felipe predicar el Evangelio. Más adelante, Pedro y Juan fueron a Samaria y oraron para que la gente recibiera al Espíritu Santo. Simón vio que la gente estaba recibiendo el don de hablar en lenguas cuando Pedro y Juan oraban y les imponían las manos. Simón también quería poder imponer las manos en las personas y hacer que recibieran al Espíritu Santo, así que le ofreció dinero a Pedro para que le diera el mismo don. Aparentemente, parece que ése era un buen deseo, pero Pedro reaccionó de manera diferente. Él dijo:

Tu dinero perezca contigo, porque has pensado que el don de Dios se obtiene con dinero. No tienes tú parte ni suerte en este asunto, porque tu corazón no es recto delante de Dios... porque en hiel de amargura y en prisión de maldad veo que estás.

HECHOS 8:20-21, 23

No estoy seguro si estar en "hiel de amargura y en prisión de maldad" significa que Simón en realidad nunca fue vuelto a nacer, o si su corazón estaba equivocado, pero en cualquier caso no es algo bueno. Simón pensó que él podía comprar la unción de Dios dándole dinero a Pedro, y Pedro lo regañó. Esto muestra que nuestro corazón no está bien si estamos tratando de comprar las bendiciones de Dios. Al mismo tiempo, es posible estar en el proceso de creerle a Dios por un milagro, y es posible que renunciar a algo de tu dinero sea un paso de fe para ti. ¿Te das cuenta?, no es dar dinero lo que hace que el milagro suceda—es dar un paso de fe.

Muchas gentes sólo dan cuando les ruegan—en parte porque eso es lo que les han enseñado. Cuando Jamie y yo nos acabábamos de cambiar a Colorado Springs, un hombre le dio a nuestro ministerio un edificio y después vino a trabajar para nosotros por unos seis meses. En ese entonces, acostumbrábamos mandar nuestras enseñanzas en casetes. Él se dio cuenta de que llenábamos tantos pedidos de casetes como podíamos durante unas semanas, pero después se nos acababa el dinero y teníamos que esperarnos una o dos semanas más para tener dinero otra vez y obtener otro pedido de casetes vírgenes. Después duplicábamos más enseñanzas y volvíamos a surtir los pedidos.

Cuando él se dio cuenta de lo que estaba sucediendo, me preguntó por qué no le decía a la gente que el ministerio necesitaba urgentemente más recursos económicos. Él me dijo que había regalado $25,000.00 dólares el año anterior, y que antes de dar siempre le preguntaba a Dios dónde quería que mandara el dinero. Él me dijo que yo fui la primera persona que se le venía a la mente cada vez que oraba porque nuestro ministerio le había ayudado a transformar su vida, pero que no nos dio porque yo nunca había pedido. ¿Sabes a quién le dio? Le dio a un ministro de la televisión que siempre estaba rogando para que le dieran dinero y siempre estaba diciéndole a la gente que iba a dejar de televisar su programa si no daban.

Mucho tiempo después a mí me pidieron que fuera de invitado a la cadena televisiva de ese mismo ministro y el encargado de su ministerio me enseñó un cuarto lleno de cientos de miles de cartas metidas en sobres y apiladas. Todo lo que tenían que hacer era pegarle una estampa y una dirección a los sobres y mandarlo por correo. Las cartas hablaban de una crisis financiera inminente si la gente no daba. Enviaban esas cartas en lapsos de seis meses, y ya habían impreso "cartas de crisis" para cubrir por adelantado dos años. ¡Todavía ni tenían una crisis! Todo eso eran mentiras y manipulación. Ellos rogaban, y la gente daba.

Se supone que no debemos dar donde nos ruegan—se supone que debemos dar como nos propusimos en nuestro propio corazón. No solamente eso, sino que se supone que debemos dar donde somos alimentados espiritualmente. La gente que está usando la manipulación realmente no está en armonía con Dios. No estoy diciendo que no son vueltos a nacer, sino que son carnales. Esas personas en realidad no están alimentando el cuerpo de Cristo. Si dejamos de darles, desaparecerán.

Un grupo publicitario me abordó en una ocasión y me garantizó que podían recaudar un millón de dólares mandando cartas. Eso sucedió cuando nuestro ingreso era aproximadamente de unos $80,000.00 dólares por mes, y nosotros necesitábamos el ingreso extra así que les dije que iba a traerlos por avión para tener una reunión con ellos. Ellos empezaron a hablarme del color de tinta al que la gente responde, el tipo de letra que deberíamos usar, y cómo deberíamos subrayar ciertas frases; era toda una ciencia. También me platicaron cómo habían recaudado $20 millones de dólares para otro cliente unos cuantos meses atrás usando las mismas técnicas.

Yo dije: "Pues bien, por supuesto que podríamos usar $20 millones. Pero ¿qué van a decir? ¿Qué van a hacer?"

Contestaron: "Déjenos eso a nosotros".

"No", contesté, "necesito saber qué van a decir".

Así que empezaron a decir cómo iban a usar fotos de niños con vientres inflamados y con moscas caminando por todo su cuerpo. Después iban a decir que nosotros apoyamos orfanatos y cosas por el estilo.

Yo dije: "Pero yo no apoyo a ningún orfanato".

"Tampoco el hombre para el que recaudamos los $20 millones", dijeron.

Les dije que no estaba interesado en usar prácticas deshonestas. Ellos argumentaron que una vez que tuviera el dinero yo podría usarlo como quisiera. Pero yo no iba a transigir. Mi integridad es más importante para mí que obtener millones de dólares, así que los despaché. Pero la razón por la que esas personas hacen negocio es porque lo que hacen funciona.

Algunas veces, está bien dar cuando algo te toca emocionalmente, pero no permitas que ésa sea la motivación principal en el trasfondo de lo que das. Da de tus primicias, y da donde te alimentas espiritualmente. Dales a las personas que verdaderamente te han influenciado. Si el cuerpo de Cristo empezara a hacer eso, entonces la gente que verdaderamente está ministrando la Palabra de Dios tendrían una gran abundancia, y los delincuentes tendrían que arrepentirse o dejar el ministerio. También se incrementaría la cosecha que recibes de lo que das—porque así como el agricultor obtiene una cosecha más grande si siembra en tierra fértil, lo que tú das obtiene mejores resultados si lo plantas en un ministerio que está llevando a cabo la obra del reino.

LA ASOCIACIÓN
Capítulo 9

Uno de los versículos más conocidos en cuanto a la prosperidad es la declaración que el apóstol Pablo le dirigió a los Filipenses, que dice "...mi Dios, pues, suplirá todo lo que os falta". Con frecuencia, tú escuchas que este versículo se enseña como si fuera para todas las personas sobre la faz de la tierra. Es verdad que Dios quiere suplir todas tus necesidades, y que hay muchos versículos que hablan acerca de eso—por ejemplo los que hablan de cómo Dios provee para los pájaros del cielo y los lirios del campo—pero Pablo escribió este versículo en particular refiriéndose a la gente que se había asociado con él para la expansión del Evangelio. Él estaba hablando acerca de la bendición especial que hay en la asociación. Un poco antes en esa carta, Pablo dijo:

> *Doy gracias a mi Dios siempre que me acuerdo de vosotros, siempre en todas mis oraciones rogando con gozo por todos vosotros, por vuestra comunión en el Evangelio, desde el primer día hasta ahora.*

FILIPENSES 1:3-5

La palabra que se tradujo como *comunión* en este versículo se tomó de la palabra griega *koinonia*, y literalmente significa "asociación". Pablo le estaba agradeciendo a los Filipenses por su asociación con el Evangelio. Ellos eran personas que le habían dado a Pablo en una medida mayor que cualquier otra iglesia lo había hecho. Pablo mencionó específicamente cuántos deseos tenían de cuidar de él y de proveer a sus necesidades. Él dijo:

LA ADMINISTRACIÓN DE LAS FINANZAS

En gran manera me gocé en el Señor de que ya al fin habéis revivido vuestro cuidado de mí; de lo cual también estabais solícitos, pero os faltaba la oportunidad.

FILIPENSES 4:10

Los Filipenses fueron colaboradores constantes de Pablo mientras él viajaba de un lugar a otro predicando las Buenas Nuevas. Ellos estaban ayudándole a llevar el Evangelio a otros lugares alrededor del mundo. Cuando él dijo que estaban solícitos pero que les faltó oportunidad, él estaba diciendo que no siempre sabían a dónde deberían mandar el dinero. Pablo había sido arrestado en Jerusalén, encerrado en la prisión, sufrió naufragio en camino a su proceso de juicio en Roma. Básicamente, su lugar de residencia cambió constantemente durante un período de tres años. Ellos no tenían los medios de comunicación para saber exactamente dónde estaba Pablo, así que "les faltaba oportunidad" para dar. Pero en el momento en que escucharon que Pablo estaba en Roma, mandaron ropa, dinero, y cosas para que estudiara. Fueron solícitos para ayudarlo, pero no se estaba alegrando por ellos solamente porque habían cuidado de él.

No lo digo porque tenga escasez, pues he aprendido a contentarme, cualquiera que sea mi situación. Sé vivir humildemente, y sé tener abundancia; en todo y por todo estoy enseñado, así para estar saciado como para tener hambre, así para tener abundancia como para padecer necesidad. Todo lo puedo en Cristo que me fortalece.

FILIPENSES 4:11-13

Pablo dijo que él había aprndido a vivir en la estrechez o en la abundancia. Él estaba regocijándose porque él vio la disposición que tenían para dar, y él sabía que al apoyarlo en realidad le estaban dando a Dios. Él vio que sus donativos harían que Dios derramara una bendición sobre ellos y que resultaría en un rendimiento al cien por uno. Él continuó diciendo:

Sin embargo, bien hicisteis en participar conmigo en mi tribulación. Y sabéis también vosotros, oh filipenses, que al principio de la predicación del evangelio, cuando partí de Macedonia, ninguna iglesia participó conmigo en razón de dar y recibir, sino vosotros solos.

FILIPENSES 4:14-15

Cuando él dice *participar*, Pablo está hablando de su manera de dar recursos económicos. Lo increíble aquí es que Pablo dice que ninguna otra iglesia le estaba dando dinero para ayudar a la predicación del Evangelio—¡sólo los filipenses! Pablo y sus acompañantes estaban en peligro constante, y enfrentaban mucha persecución y sufrían para predicar la Buena Nueva; sin embargo ninguna de las otras iglesias que Pablo había fundado lo estaba apoyando en su labor. Yo pienso que eso es trágico.

Parece ser que la gente le daba a Pablo únicamente cuando él estaba en sus pueblos predicando. Lo alimentaban y le daban hospedaje, pero en cuanto partía volvía vérselas por sí solo. Así que cada vez que iba a un lugar nuevo él tenía que empezar de nuevo a generar recursos económicos. Yo no creo que Pablo mereciera verse en la necesidad de escatimar los centavos de esa manera. La gente debería haber estado tan agradecida por lo que Dios estaba haciendo por medio de él que debieron haber cuidado de él sin importar en dónde estaba: pero solamente los filipenses bendecían a Pablo después de que partía. Puedes ver por qué Pablo se sentía agradecido cada vez que se acordaba de los filipenses y de la manera como le ayudaron a establecer iglesias en otras áreas.

> *Pues aun a Tesalónica me enviasteis una y otra vez para mis necesidades. No es que busque dádivas, sino que busco fruto que abunde en vuestra cuenta.*

FILIPENSES 4:16-17

"Una y otra vez" significa que le mandaron dinero a Pablo más de una vez. También esto es algo bueno, porque el ministerio de Pablo no fue bien recibido en Tesalónica. En resumidas cuentas a él lo corrieron del pueblo. Así que si no hubiera sido por la ayuda económica de los filipenses, es posible que él no hubiera podido continuar su obra allí. Sus donativos no estaban beneficiando únicamente a Pablo en lo personal; estaban ayudando a establecer el reino de Dios en el exterior, y Pablo se regocijaba porque él sabía que Dios da prosperidad para ayudar a establecer Su pacto. Pablo comprendía que sus donativos resultarían en un rendimiento sobrenatural—porque Dios le da semilla a los que siembran. Pablo habló de cómo sus donativos le habían proporcionado abundancia, y después dijo:

> *Mi Dios, pues, suplirá todo lo que os falta conforme a sus riquezas en gloria en Cristo Jesús.*

FILIPENSES 4:19

No cabe duda de que Dios se deleita en la prosperidad de sus siervos, y que él envía sol y lluvia sobre los justos y los injustos por igual.[1] Dios desea bendecir por igual tanto a los creyentes como a los incrédulos, pero este versículo en particular está hablando de la gente que se había asociado con Pablo para compartir el Evangelio y que estaban ayudando a establecer el pacto de Dios sobre la tierra. No le estaban dando a Pablo solamente porque estaban recibiendo de Él. Estaban dando cuando Pablo estaba bendiciendo a la gente en las afueras de su ciudad, y ellos no estaban recibiendo nada a cambio. En lenguaje moderno, podrías decir que no estaban dando solamente para obtener libros y videos—estaban dando para la obra misionera.

Este versículo está hablando de la bendición especial para aquellos que se convierten en socios para la difusión del Evangelio, lo cual significa que si verdaderamente quieres ser bendecido, entonces asóciate con un ministerio que tenga grandes metas y que esté haciendo una buena labor predicando el Evangelio. La manera como Dios le da dinero a un ministerio es dándole dinero a los creyentes que lo apoyan. Para que el dinero llegue al ministerio, primero tiene que pasar por las manos de los creyentes—"y conforme el dinero pasa, habrá suficiente de sobra para ti". Así que una de las mejores maneras para prosperar es encontrar un ministerio al que Dios haya ungido poderosamente y asociarse con él.

Yo no podría proveer el equivalente a una semana del ingreso que es necesario para operar nuestro ministerio. Se requiere del apoyo de nuestros socios para cubrir nuestras necesidades económicas y para poder hacer lo que Dios nos ha llamado a hacer. Yo sé que nuestros socios tienen que prosperar antes de que nuestro ministerio pueda prosperar, por lo tanto yo oro para que Dios bendiga a nuestros socios y que les dé abundancia, porque mi capacidad para cumplir con la voluntad de Dios depende directamente de que otras personas su unan conmigo y que se conviertan en socios. Todo el dinero que Dios necesita conseguir para nuestro ministerio primero tiene que venir por medio de nuestros socios. Lo mismo es verdad para otros ministerios.

Por eso Dios produce un fluir sobrenatural de dinero hacia tu vida cuando te comportas como un dador. Dios ya hizo la provisión para cada creyente, pero hay una unción especial para la gente que da para ayudar a la difusión del Evangelio. Cuando tú dices: "Quiero ayudar a esta iglesia para que transforme a nuestra ciudad. Quiero ayudar a esta persona para que vaya alrededor del mundo y que difunda el Evangelio", entonces Dios te hará prosperar. Dios le da dinero a la gente que lo usará para hacer que el reino avance (Deuteronomio 8:18) y Él siempre da mucho más de lo que se necesita así que siempre queda bastante de sobra para el que da.

Además de hacer que un fluir de recursos económicos pase por las manos de los socios, hay un beneficio adicional por asociarse con un ministerio. Las Escrituras dicen:

La dádiva del hombre le ensancha el camino y le lleva delante de los grandes.

PROVERBIOS 18:16

Yo pensaba que aquí se tomaba "dádiva" en el sentido de don o capacidad o la unción que Dios da. Yo creía que si usaba correctamente mi don para enseñar, por ejemplo, este don me abriría puertas y me llevaría ante la presencia de grandes hombres. Pero la palabra hebrea que se tradujo como dádiva es matan, y literalmente significa "obsequio". Queda claro con base en otros usos que se encuentran en las Escrituras que esta palabra significa algún tipo de regalo monetario.[2] No está hablando de la unción en tu vida. Este versículo sencillamente dice que hasta en el ámbito natural, un regalo abre puertas.

El aspecto negativo de esto, podría hacerte pensar que esta clase de regalo es un soborno, pero también hay un aspecto positivo; un regalo no tiene que usarse de una manera negativa. Tú puedes alejar la ira con un regalo o ganar el favor de los demás. Los regalos también tienen un efecto en el ámbito espiritual. El dar, te abre puertas. Puede crear oportunidades y llevarte ante la presencia de gente poderosa. Esto es diferente de un soborno, y las Escrituras nos dan un ejemplo del regalo que se usa con esta connotación positiva.

El Antiguo Testamento dice que cuando la reina de Sabá oyó hablar de lo sabio y próspero que era Salomón, ella viajó a Jerusalén para presenciarlo por sí misma. Dice que fue con un séquito muy grande de camellos que llevaban especias, piedras preciosas, y "mucho oro". La reina de Sabá estaba asombrada por lo que vio en la corte del Rey Salomón, y dijo:

> *Verdad es lo que oí en mi tierra de tus cosas y de tu sabiduría; pero yo no lo creía, hasta que he venido, y mis ojos han visto que ni aun se me dijo la mitad; es mayor tu sabiduría y bien, que la fama que yo había oído.*

1 REYES 10:6-7

Salomón fue el hombre más sabio y rico sobre la faz de la tierra. La Biblia dice que gente de todas partes del mundo iban a verlo para conocer su sabiduría. Piensa al respecto. Hoy, si tú intentaras reunirte con el Presidente de los Estados Unidos o con el Primer Ministro de Israel, ¿crees que podrías entrar directamente a su oficina y sentarte? De ninguna manera; hay protocolos, y tú tienes que hacer fila. Yo creo que Salomón tuvo más fama y notoriedad que la que tú pudieras imaginarte que hoy en día tiene el líder de cualquier nación. Así que la reina de Sabá llevó regalos para ganarse la atención de Salomón y tener acceso a su presencia.

> *Y dio ella al rey ciento veinte talentos de oro, y mucha especiería, y piedras preciosas; nunca vino tan gran cantidad de especias, como la reina de Sabá dio al rey Salomón.*

1 REYES 10:10

Un talento equivale a 75.5 libras, eso quiere decir que ella le dio a Salomón 9,000 libras, o 145,000 onzas, de oro. Con el precio de hoy en día de $1,730 dólares por onza, ese oro valdría más de $250 millones de dólares, y no hay manera de calcular cuánto valían sus otros regalos. Puedo garantizarte que un regalo de ese tamaño te va a abrir el camino. No sé qué tan larga era la fila de gente que estaba esperando para ver al rey Salomón, pero el regalo de la reina la llevó hasta adelante. No pasó solamente un poco de tiempo con él, ella comió con él y vio todas las diferentes facetas de su reino. La deducción es que ella pudo pasarse varios días con Salomón. No conocemos los detalles con exactitud, pero el regalo de la reina abrió una puerta. Le abrió el camino y la llevó ante el hombre más poderoso de su época—ése es el poder positivo de un regalo.

En un sentido espiritual, cuando tú das asociándote con un ministerio, eso te abre el camino a ti. Es como si empezaras a obtener el beneficio de la unción que está en ese ministerio. Tú terminarás tomando parte de los frutos del ministerio. Cuando tú te asocias con alguien que está predicando la Buena Nueva, entonces tú recibirás el beneficio de prosperar por su bendición.

Aquí hay otra cuestión para considerar: te apuesto que la reina de Sabá pudo haber usado esos $250 millones para cubrir necesidades en su propio reino. ¿Podrías imaginarte la longitud de la recua de camellos que debió haber necesitado para cargar todos esos artículos, más los soldados para custodiarla? Seguramente viajaron a Jerusalén con cientos de camellos y con un séquito del tamaño de un pequeño ejército. No pudo haber pasado desapercibido, y la gente en su reino probablemente se preguntaba a dónde iba con toda esa riqueza. Apuesto que algunas personas se ofendieron cuando escucharon que ella estaba planeando darle todo ese dinero a un rey que ya era el hombre más rico del planeta.

Estoy seguro que algunas personas estaban pensando: ¿Por qué darle tanto dinero al rey Salomón? ¿Piensa a cuánta gente pobre podría ayudar con ese dinero? Ella pudo haber transformado naciones con ese dinero. Ella pudo haber construido edificios y ayudado a los agricultores en todos los pueblos por los que pasara. Pero la reina de Sabá decidió que ella iba a usar ese dinero para descubrir cómo era que el rey Salomón había tenido tanto éxito manejando su reino; después ella podría aplicar ese conocimiento para mejorar su propio reino. Ella pasó de largo por donde estaban los mendigos y las ciudades que pudieron haber usado sus recursos y se los llevó al hombre más rico. Ella lo hizo porque quería tomar parte del éxito que Salomón estaba experimentando, y funcionó. Dice:

> *Y el rey Salomón dio a la reina de Sabá todo lo que ella quiso, y todo lo que pidió, además de lo que Salomón le dio. Y ella se volvió, y se fue a su tierra con sus criados.*

1 REYES 10:13

Sería interesante saber cuánto le dio Salomón de su patrimonio real a la reina de Sabá. El siguiente versículo nos dice que Salomón recibía 666 talentos de oro anualmente, más las ganancias que obtenía de negocios y de los reyes de otras naciones que le pagaban impuestos—lo cual quiere decir que el regalo de la reina era solamente una fracción de los ingresos anuales del rey Salomón. Salomón era tan rico que ni siquiera contaba la plata; la aventaban a la calle y la trataban como adoquín. Él era increíblemente rico. Así que cuando leemos que Salomón le dio de su patrimonio real, yo creo que la reina de Sabá recibió más de parte de Salomón que lo que ella dio. Yo creo que ella se fue de Jerusalén con más dinero del que tenía cuando llegó.

Mientras la reina viajaba hacia Jerusalén, estoy seguro que muchos mendigos y reyes se preguntaban qué pensaba ella que iba a lograr al darle un regalo tan grande a un hombre que era extremadamente rico. Pero ella no estaba dando el regalo para ayudar a Salomón. Ella dio ese regalo para ayudarse a sí misma. Ella lo usó para ganarse la entrada y participar de la sabiduría, el favor, y la unción de Salomón—y ella acabó yéndose de Jerusalén con toda la riqueza que Salomón le dio. Así que en su viaje de regreso, ella todavía contaba con una gran cantidad de riqueza para usar en ayuda de los mendigos y los agricultores, pero también tenía sabiduría y unción que podía usar para edificar a toda su nación. Dar donativos de caridad hubiera sido una solución a corto plazo, pero usar la sabiduría y la unción para erradicar la carencia del reino era una solución a largo plazo.

No está mal darle a la gente que padece necesidad. De hecho, las Escrituras dicen que si tú ves a tu hermano tener necesidad y no lo ayudas, entonces el amor de Dios no mora en ti (1 Juan 3:17). Así que definitivamente se supone que debemos dar cuando vemos que la gente tiene necesidad, pero ésa no es la única razón para dar. Algunas veces, así como lo hizo la reina de Sabá, tú debes dar porque necesitas lo que una iglesia o un ministro pueden darte. Nosotros les decimos a nuestros estudiantes de la escuela Bíblica, "siembra donde quieres ir". Dicho en otras palabras, si tú sientes un llamamiento a la obra misionera, entonces encuentra gente que esté haciendo una buena labor en esa área y apóyalos. Al asociarte con esas personas tú empezarás a participar de la unción y la experiencia que ellos tienen. La unción vendrá a tu vida y te ayudará a cumplir tu llamamiento.

Es como encontrar a alguien que ya llegó al destino a donde tú quieres viajar, y tú te le pegas para que te ayude a llegar allí. Encuentra a alguien que ha ido más lejos que tú, y entonces siembra en su vida para ayudarte a llegar al mismo lugar; eso es lo que la reina de Sabá hizo. Ella encontró a un hombre que tenía más favor, más sabiduría, y una riqueza mayor, y ella usó un regalo para obtener acceso a su presencia para poder obtener más sabiduría, riqueza, y favor para ella.

Es importante reconocer que cuando tú te asocias con un ministerio y te propones dar, tú puedes participar de la bendición que hay en ese ministerio. No debes dar solamente para obtener algo, sino que debes dar para ayudarte a llegar a donde quieres ir. Cuando haces eso, se inicia un fluir sobrenatural de los recursos económicos de Dios hacia ti de tal manera que puedes ser capaz de cubrir tus necesidades y al mismo tiempo tener abundancia para toda buena obra.

Dios no te va a permitir que le des más de lo que Él te da. Dios siempre te bendice cuando tú muestras fe en Él dándole de tu peculio. Tú nunca le serás más fiel a Dios que Él a ti. No estoy diciendo que el objetivo de asociarte con un ministerio es dar para recibir; por eso pasé tanto tiempo al principio hablando acerca de que los motivos del corazón son más importantes que el regalo en sí. Pero cuando tu corazón tiene la actitud correcta, asociarte con algún ministerio para ayudar a promover el Evangelio abrirá puertas para ti y hará que prosperes.

Dar es un aspecto trascendental en cuanto a obtener acceso a la prosperidad de Dios. Varios factores ayudan a determinar la cosecha que obtienes de lo que das—como la actitud con la que das, donde das, y la confianza que tienes en que Dios es tu proveedor—por lo tanto no hay una fórmula. Yo te recomiendo que lo hagas con regularidad, diezmando y dando las primicias de tus ingresos; de esa manera no te gastarás tu dinero antes de que puedas dar y no acabarás perdiéndote de la provisión sobrenatural de Dios. Conforme seas más firme en tu intención de dar, que des con propósito—y que lo hagas motivado por el amor—eso iniciará un fluir de las bendiciones de Dios en tu vida y hará que prosperes como nunca antes.

[1] Véase, por ejemplo, Salmo 35:27, Mateo 5:45, y 3 Juan versículo 2.
[2] Por ejemplo, Proverbios 15:27 y Proverbios 19:6.

En Dios Confiamos
Capítulo 10

—————

En cuanto a la prosperidad, lo primero que mucha gente enseña es lo relacionado con dar. Ponen un gran énfasis en "da y se te dará". La cuestión de dar donativos es uno de los últimos temas que yo abordo cuando enseño sobre finanzas porque creo que la actitud del corazón que tienes en cuanto al dinero y el motivo que tienes para dar son cuestiones más importantes. Pues bien, ahora quiero ver todo conjuntamente para mostrarte que dar con la actitud correcta, y con pleno conocimiento de que Dios es tu proveedor, verdaderamente te hará prosperar.

Un versículo muy conocido nos dice que confiemos en el Señor con todo nuestro corazón, y que no nos apoyemos en nuestra propia prudencia. Es un versículo trascendental, y lo escuchamos con frecuencia. En este contexto, el pasaje está explicando que una de las maneras de confiar en el Señor sin apoyarte en tu propia prudencia es dando.

> *Fíate de Jehová de todo tu corazón, y no te apoyes en tu propia prudencia. Reconócelo en todos tus caminos, y él enderezará tus veredas. No seas sabio en tu propia opinión; teme a Jehová, y apártate del mal; porque será medicina a tu cuerpo, y refrigerio para tus huesos. Honra a Jehová con tus bienes, y con las primicias de todos tus frutos; y serán llenos tus graneros con abundancia, y tus lagares rebosarán de mosto.*

PROVERBIOS 3:5-10

La gente con frecuencia habla de estos versículos en el sentido de confiar en el Señor, pero no toman en cuenta el hecho de que dice que honres al Señor con las primicias de tus ingresos. La gente ora todo el día para que Dios guíe su camino, pero no ven cómo es que lo que damos se relaciona con esto. La mayoría de la gente que sistemáticamente está buscando la guía de Dios diría que confía en Dios, pero no todas esas personas están dando sistemáticamente. Pues bien, si tú no estás dando, entonces no estás reconociendo a ni confiando en el Señor en todos tus caminos. Y de acuerdo a este versículo, entonces no estás honrando a Dios.

Los recursos económicos son una parte importante de nuestras vidas, y una parte importante en nuestra relación con Dios. La mayoría de las gentes trabajan 40 horas o más por semana, lo cual significa que invertimos más tiempo en ganarnos la vida que haciendo cualquier otra cosa; y Dios quiere estar involucrado en todo lo que hacemos. Si tú te pasas la mayor parte de tu tiempo trabajando en un empleo y todavía no estás confiando en Dios en cuanto a tus finanzas, entonces tú solamente le estás confiando a Dios una pequeña parte de tu vida. Pero Dios quiere que confiemos en Él plenamente, y que le demos acceso a todas las áreas de nuestra vida.

Dios no quiere que tú te enfrasques en tu ardua labor durante la semana, resolviendo tus asuntos, y que luego dediques el domingo para ir a la iglesia y estudiar la Biblia. A pesar de que te pases 30 minutos todas las mañanas orando y estudiando la Palabra, si después vives tu día y casi ni te acuerdas de Dios, entonces tú no le estás permitiendo a Dios que se involucre mucho en tu vida. Dios quiere participar en todo lo que haces.

Tú no tienes que sentarte a orar o estudiar la Biblia todo el día para pasar tiempo con Dios. Hasta los predicadores tienen otras cosas que hacer además de estudiar la Biblia. Todos tenemos muchas cosas que compiten para ganar nuestra atención, pero a pesar de eso podemos mantener nuestras mentes enfocadas en Dios. No importa cuál sea tu situación, tú puedes confiar en Dios con todo tu corazón incluso cuando estás en tu trabajo. Quizá tienes un jefe y tareas por realizar, pero en última instancia Dios es el que te da el ascenso.

Porque ni de oriente ni de occidente. Ni del desierto viene el enaltecimiento. Mas Dios es el juez; A éste humilla, y a aquél enaltece.

SALMO 75:6-7

Dicho en otras palabras, Dios es la fuente de todo. Deberíamos ver a Dios como la fuente de nuestra prosperidad y de nuestra promoción. Aunque tú cumplas con un horario de trabajo y trabajes para alguien, Dios debe ser tu proveedor. Una vez que obtengas esta mentalidad, entonces los períodos económicos difíciles no te preocuparán. En vez de estar lleno de temor de perder tu trabajo, tú estarás confiando en el Señor—y aunque perdieras tu empleo, confiarás en que el Señor te ayudará a obtener algo mejor. Saber que Dios es tu proveedor te da una paz y una estabilidad en esta vida que mucha gente no tiene.

Entonces, ¿cómo conviertes a Dios en la fuente de tus recursos cuando tú estás invirtiendo la mayor parte de tu tiempo trabajando y cumpliendo con otras responsabilidades? Es simple: el Señor nos dice que le demos las primicias de todos nuestros frutos. La manera de actuar de acuerdo a tu fe y hacer que Dios sea la fuente de tus recursos consiste en dar—diezmando y haciendo ofrendas—porque si no creyeras que Dios te va a bendecir, sería una locura regalar tus ingresos.

> **TOMAR DIEZ POR CIENTO DE LO QUE GANAS PARA REGALARLO PARECE ALGO TONTO PARA LA MENTE NATURAL—¡Y ES PRECISAMENTE POR ESTO QUE DIOS NOS PIDE QUE LO HAGAMOS!**

A menos que tú tomes en cuenta la fe en Dios en este proceso, el concepto de que dar te lleva a la prosperidad no tiene sentido. Tomar diez por ciento de lo que ganas para regalarlo parece algo tonto para la mente natural—¡y es precisamente por esto que Dios nos pide que lo hagamos! Dios no está en bancarrota. Él no necesita tu 10 por ciento. Dar es una manera de demostrar que estamos en la economía de Dios, y no en la del mundo.

Como lo he dicho, Dios pudo haberlo establecido de una manera diferente. Él pudo haber enriquecido individualmente a todos los ministros del Evangelio, pero Él no hizo eso porque en realidad lo que das es para tus necesidades—no es para que la iglesia pueda pagar la renta. Aunque yo tuviera millones y millones de dólares en algún banco, aun así enseñaría de la misma manera sobre las finanzas. Aun así pediría ofrendas y enseñaría que los cristianos necesitan dar. No porque Dios necesite tu dinero, ¡sino porque tú necesitas confiar en Dios! El Señor estableció el sistema de los diezmos y las ofrendas para nuestro beneficio, no para el suyo.

Hace un tiempo, me pidieron que llevara a cabo una reunión en la iglesia de un graduado de *Charis Bible College* que era pastor de una iglesia situada en lo alto de un terreno montañoso. No estoy seguro, pero creo que entre 30 o 50 personas eran las que normalmente asistían a su iglesia. Él estaba preocupado porque pensaba que su iglesia no tenía suficiente gente para tenerme como predicador invitado, así que también invitó a unas cuantas iglesias locales. En total, probablemente unas 100 personas asistieron a esa reunión. Aun así, estaban muy preocupados por los ingresos y pensaban que no iban a poder darme una buena ofrenda.

Empecé la primera reunión diciéndoles que yo no era un predicador pobre que estaba allí para rogarles que me dieran dinero. Les dije: "Yo llegué aquí por mi cuenta, y me iré por mi cuenta. No necesito que den". Cuando dije eso, se podía ver la desilusión en la cara del pastor. Supongo que él pensó que nadie iba a dar porque yo les había dado una excusa para no dar. Proseguí a enseñar algunas de las mismas cosas que he escrito en este libro. Les dije que debían dar para plantar una semilla para ellos mismos, no porque yo necesitara dinero. Les dije que el dar significa reconocer a Dios como tu proveedor y confiar en Él.

Una semana después de que partí, el pastor me llamó para decirme que su iglesia nunca había dado tanto como dieron durante mis reuniones. Él se dio cuenta de que había actuado con una motivación equivocada para hacer que su gente diera donativos. Él había estado pidiendo dinero tímidamente, sin comprender que dar es un aspecto muy importante en cuanto a la confianza en Dios. Él me platicó que el domingo siguiente se paró enfrente de su congregación y se arrepintió públicamente de no haber sido firme en cuanto a la enseñanza de las finanzas. Cuando terminó de hablar, los miembros de su congregación pasaron al frente lo abrazaron y empezaron a aventar dinero en la plataforma. Él dijo "que todo el endeudamiento de la iglesia se pagó con las ofrendas de ese servicio—unos diez o quince mil dólares.

Todo empezó a partir de reconocer que diezmar y dar no tiene nada que ver con que Dios necesite nuestro dinero. Dios quiere que confiemos en Él, en vez de vernos a nosotros mismos o a nuestro patrón como la fuente de nuestros recursos. Es difícil para la mente natural tomar una porción de lo que se tiene y regalarla. Pareciera que te estás alejando de tus metas al diezmar, y así sería si Dios no hubiera prometido darnos con abundancia. El objetivo de dar es poner la confianza en Dios en el área que consume la mayor parte de nuestro tiempo y energía en nuestras vidas. Logramos eso al tomar una parte de lo que Dios nos da y regresársela a Él.

El versículo que hemos estado considerando referente a confiarle a Dios lo que damos dice: "Honra a Jehová con tus bienes, y con las primicias de todos tus frutos (Proverbios 3:9)". Primicia significa fruto primero de cualquier cosa—no después de que pagaste la mensualidad de tu automóvil, o la comida, o el entretenimiento. El Señor está diciendo que lo primero que deberías hacer cada vez que obtengas dinero es apartar algo para dar. No estoy condenando a alguien por no dar. Lo que estoy tratando de hacer es acabar con el engaño que ha hecho que muchos cristianos dividan sus vidas en compartimientos estancos y que pongan en uno de ellos el servicio al Señor, y en otro lo que dan.

Algunos creyentes están tratando de confiar en Dios pero no dan porque no saben cómo exprimir su presupuesto para sacar el diezmo. Ésta es la razón por la que el Señor no te pidió que des una cantidad específica. Dios estableció un porcentaje para dar, porque todos pueden dar el diez por ciento, sea que tengan un millón o un peso.

Cuando tú honras a Dios dando las primicias de tus frutos, entonces el Señor voltea y dice: "Y serán llenos tus graneros con abundancia, y tus lagares rebosarán de mosto (Proverbios 3:10)". Hoy lo diríamos de esta manera: "Voy a llenar tu cuenta de banco, y tu cuenta de ahorro estará repleta". Dando es la manera como acabas teniendo una gran cantidad de ahorros— no acumulando. Cuando tú tomas una porción de lo que tienes y se la confías a Dios, entonces se convierte en una semilla que produce un rendimiento mayor en el futuro.

Tú puedes obtener fuerza y alimento al comer semillas, pero también necesitas sabiduría para apartar una porción de esas semillas para plantarlas. Tú no puedes comerte esas semillas aunque tengas hambre, porque si te comes todas tus semillas ahora eso significa que padecerás hambre mañana. Plantar una asemilla te da la seguridad de que tendrás una cosecha en el futuro para alimentar a tu familia y cuidar de tus necesidades.

Pero la mayoría de la gente piensa a corto plazo. No ven la sabiduría que hay en dar porque la mente natural no puede entender las cosas del espíritu.[1] Mucha gente está batallando en lo económico, y su mente natural no puede entender cómo pueden prescindir de una parte de su ingreso para dar donativos. La mente ve que no hay suficiente y concluye que es necesario conservarlo todo, pero la Palabra de Dios dice que honres a Dios con las primicias de tu riqueza y tu cuenta de banco estará repleta de dinero.

Dios dice que la manera de tener abundancia es dando—o podrías decir que es poniendo la confianza en Dios, porque dar se reduce a la confianza. El Señor nos pide que demos para que aprendamos a confiar en Él. Es una ironía pero, las gentes que son más renuentes para dar, y que son las que están más convencidas de que necesitan todo su dinero, son las que más necesitan confiar en Dios. La fe sin obras está muerta (Santiago 2:26). Tú tienes que actuar por fe. No malinterpretes esto, pero si no estás diezmando, entonces no estás confiando en Dios. Dar es un paso de fe que mueve tu enfoque para ponerlo en Dios y te coloca en la situación correcta para recibir de Él.

> **DAR SE REDUCE A PONER LA CONFIANZA EN DIOS Y A ACTUAR CON FE.**

Como dije antes, Dios no está enojado contigo si no estás diezmando. Él no va a venir a atraparte. Pero si no estás dando, entonces en realidad no estás confiando en Dios. Si tú quieres prosperar por medio de Dios, entonces vas a tener que aprender a dar, eso es un principio Bíblico. Considera este verso en Proverbios:

Hay quienes reparten, y les es añadido más; Y hay quienes retienen más de lo que es justo, pero vienen a pobreza.

PROVERBIOS 11:24

Para la mente natural esto no tiene sentido. ¿Cómo puede ser que repartir te lleve a la prosperidad, y retener te lleve a la pobreza? Sin embargo así es como funciona la economía de Dios. Tú no puedes entenderlo con tu mente natural. El mundo prospera por medio de la acumulación, pero Dios revela que el camino hacia la prosperidad sobrenatural consiste en dar. Cuando tú no diezmas ni das porque piensas que necesitas todo lo que tienes, tú estás "reteniendo más de lo que es justo", y eso lleva a la pobreza. Si tú quieres prosperar, toma un paso de fe y empieza a dar.

Mientras más tiempo te hayas pasado siguiendo la manera de pensar del mundo, esto tendrá menos sentido para ti. Pero de acuerdo a las promesas de las Escrituras, Dios te da a ti cuando tú das con fe. Es cuando repartes que tus graneros se llenarán con abundancia y tus lagares rebosarán de mosto. ¡Dar es tu camino a la prosperidad! Tú no puedes tener la prosperidad financiera que viene a través del sistema de Dios sin poner tu confianza en Él en cuanto a tus finanzas y sin que seas una persona que da con regularidad. El siguiente versículo de Proverbios dice,

> *El alma generosa será prosperada, y el que saciare, él también será saciado.*

PROVERBIOS 11:25

Esto está estableciendo el mismo principio del que hablamos con anterioridad: que Dios le da semilla a los que siembran. Dios le da dinero a la gente que va a sembrar en su reino, y no a la gente que lo va a guardar todo. "El alma generosa será prosperada" es otra manera de decir que cuando tú eres dadivoso tendrás más dinero del que necesitas. Tendrás riquezas de reserva. Dios te bendecirá y multiplicará lo que tienes.

Esto también muestra que tú cosechas lo que siembras. Si das poco, obtendrás poco—pero cuando tú das con liberalidad, también te darán con liberalidad. Cuando siembras mucho, cosechas mucho. Casi todo el mundo quiere cosechar mucho, pero tratan de sembrar tan poquito como sea posible; así no funciona. Tú no puedes dar a cucharadas y esperar recibir a raudales. Si quieres recibir a raudales, entonces tú tienes que dar a raudales.

Afortunadamente, el reino de Dios está establecido en porcentajes. Tú no tienes que dar literalmente grandes cantidades de dinero. Dios considera lo que das en proporción a lo tienes. Por ejemplo, Jesucristo dijo que la viuda que depositó dos blancas en la ofrenda dio más que todos los hombres ricos que aportaron para el tesoro del templo. El hombre rico dio de lo que le sobraba, pero la viuda dio todo lo que tenía.[2] Así que no se trata solamente de cuánto das, o qué porcentaje representa de tu ingreso, también se trata de cuánto dinero te queda después de que diste.

Mi amigo el pastor del que dije con anterioridad que me regaló varios carros es un hombre próspero y así vive. Él vive en una casa cara, tiene buena ropa y su "debilidad" son los automóviles de lujo. En una ocasión yo estaba en su casa cuando un remolcador se estacionó enfrente y descargó un Corvette rojo nuevo. Estaba de lujo. Tenía dos llaves para la ignición. Si querías manejar a alta velocidad usabas la segunda ignición. La póliza de seguro para ese vehículo costaba $1,000 dólares por mes.

Mucha gente lo critica por su estilo de vida. Esas personas solamente se fijan en lo que tiene y no en lo que da. Pero tú no deberías criticar la cosecha de alguien hasta que veas cuánta semilla ha sembrado.

En otra ocasión yo estaba en su casa y él me dio $20,000.00 dólares por haber predicado en un servicio de su iglesia. Un misionero amigo mío estaba en la iglesia esa mañana y el pastor le dio $10,000.00 dólares. Y otro ministro amigo mío estaba allí y él le dio un Cadillac nuevo esa misma mañana. En total, él dio más de $70,000.00 dólares en un día. Él probablemente daba un promedio de $40,000.00 por mes. Así que el valor de su casa era aproximadamente lo que él da en 16 meses. ¿A cuántos de ustedes les gustaría vivir en una casa que valga el equivalente al monto de lo que dan en un periodo de 16 meses? Quizá estarías viviendo en una tienda para acampar.

Además el Corvette era un regalo que incluía el seguro. ¿Qué debió haber hecho: rechazar un automóvil que era gratis y que incluía una póliza de seguro pagada y comprar algo que le costara dinero solamente para dar la apariencia de pobreza y para actuar con humildad? Eso no es humildad, es tontería.

A Dios no le importa qué clase de vehículo manejas o en qué tipo de casa vives. Todo está relacionado con lo que das. Este hombre dio mucho y como consecuencia cosechó mucho. Tú no puedes darle a Dios más de lo que él te da a ti. Mientras él cuidaba de los demás, Dios cuidaba de él.

La viuda dio lo que quizá era el equivalente a medio centavo, pero ella fue la que dio más porque dio todo su ingreso—eso es lo que Dios llama un dadivoso liberal. Si todo lo que tienes es un dólar y lo regalas, entonces eso es un gran regalo.

¡Pero no empieces a regalar todo tu dinero! Dios quiere que cuides de tu familia. Él quiere que tú comas y que cubras tus necesidades. Él no quiere que sufras estrechez y que vivas en una casa de cartón. El punto es que Dios quiere que confíes en Él. Es fácil para una persona rica aventar $1,000.00 dólares en la canasta para las ofrendas. Pero la persona que apenas si cubre sus necesidades y que diezma con gozo está mostrando que tiene confianza en Dios. Dar con liberalidad no tiene que ver con el valor monetario de tu regalo.

Tú puedes ser tan rico que dar el 10% de tu ingreso ni siquiera se nota en tus gastos. En ese caso, quizá dar el diezmo no sea suficiente para que desarrolles la confianza en que Dios es tu proveedor. Si tú llegas a un nivel de prosperidad en el que dar 10% es algo insignificante, entonces deberías aumentar tus donativos hasta llegar al punto en que sientas que necesitas confiar en Dios para que Él multiplique tus recursos económicos. Da para llegar al punto en que tengas que depender de que Dios te dé la mano en lo económico. Todo se reduce a la confianza. El pasaje en Proverbios continúa diciendo:

El que confía en sus riquezas caerá; mas los justos reverdecerán como ramas.

PROVERBIOS 11:28

Esto es lo mismo que Jesús estaba tratando de enseñarle al joven rico al que le dijo que vendiera todo lo que tenía y que les diera las ganancias a los pobres. El joven rico se había postrado a los pies de Jesús y le había preguntado qué necesitaba hacer para ser salvo, pero Jesús sabía que ese joven en realidad no confiaba en Él. La confianza de ese joven estaba en su dinero. Al pedirle al hombre que vendiera todo, Jesucristo le estaba diciendo que empezara a ver a Dios como su proveedor. Dios nos está diciendo lo mismo cuando nos pide que diezmemos. Nos está diciendo que dejemos de confiar en el dinero, y que pongamos nuestra confianza en Él. Cuando nuestra confianza está en Dios, nosotros prosperamos—reverdecemos como ramas.

Yo no veo ninguna excepción a esto. Tú puedes tratar de explicarlo como quieras, pero si no estás honrando a Dios con tus primicias, el meollo del asunto es que tú no estás confiando en Dios. El temor de que Dios no va a ayudarte es lo que te impide dar, y ese temor de hecho está creando pobreza en tu vida. Si éste es el caso, entonces todo lo que tienes que hacer es empezar a actuar con fe, dando. Honrar al Señor con tus primicias liberará el poder y la unción de Dios en tu vida, y tú empezarás a prosperar. Es así de simple.

Mucha gente está orando y pidiéndole a Dios que los bendiga económicamente; sin embargo tienen temor de seguir sus instrucciones respecto al diezmo. Dar es verdaderamente una parte integral de la prosperidad bíblica, pero acuérdate de que tu motivo es más importante que el regalo. No trates de dar sólo para que puedas obtener algo—no funcionará. Cualquier cosa que hagas, hazla de todo corazón para el Señor, y Dios hará que eso prospere.

Dar mantiene tu corazón enfocado en el Señor. Confiar en Dios como tu proveedor, le da a Él acceso a tus finanzas. No te pasarás nada más un rato estudiando la Palabra en la mañana para después excluir a Dios y pasarte el resto del día haciendo las cosas por tu propia cuenta. Dios no quiere que dividas tu vida en una parte "espiritual" que es cuando oras y una parte "carnal" que es cuando trabajas y te encargas de las responsabilidades cotidianas.

Una de las maneras como podemos aprender a darle a Dios el primer lugar consiste en tomar una porción de lo que Él nos da y en regresársela. Tú corazón estará donde está tu tesoro. Invertir dinero constantemente en el reino te mantendrá enfocado en Dios.

Aunque tú tengas que trabajar en un empleo, sabrás que Dios es tu proveedor. La carta de Pablo a los Gálatas dice:

No os engañéis; Dios no puede ser burlado: pues todo lo que el hombre sembrare, eso también segará.

GÁLATAS 6:7

La Biblia Amplificada dice: "Porque lo que un hombre siembra, y *solamente eso* es lo que él segará[3]. Tú no cosechas algo que no has sembrado; no vas a cosechar papas si sembraste zanahorias. Si quieres amor, tienes que sembrar amor. Si quieres que la gente te acepte, entonces siembra aceptación. Y si quieres recursos económicos, vas a tener que sembrar recursos económicos. Para levantar una cosecha de prosperidad, vas a tener que sembrar recursos por medio de lo que das. Las Escrituras dicen:

Dad, y se os dará; medida buena, apretada, remecida y rebosando darán en vuestro regazo; porque con la misma medida con que medís, os volverán a medir.

LUCAS 6:38

La manera como das es como recibes. ¿Estás dando de las primicias? ¿Dar el diezmo es lo primero que haces cuando recibes tu ingreso? Si eres lento para dar, entonces recibirás con lentitud. Algunas personas se esperan hasta el último momento posible, y entonces dan con tristeza o por necesidad. En realidad no quieren dar, pero sienten que tienen que hacerlo. Y después se preguntan por qué sus necesidades no son cubiertas inmediatamente. Es por esta ley: tú no solamente cosechas aquello que siembras, cosechas de la manera en que sembraste.

TÚ NO SOLAMENTE COSECHAS AQUELLO QUE SIEMBRAS, COSECHAS DE LA MANERA QUE SEMBRASTE

Yo sé que ya había establecido estos puntos, pero continúo refiriéndome a ellos con base en otros versículos porque espero que el peso de toda esta evidencia te convenza. Tengo la esperanza de que obtengas la revelación de que si tú quieres prosperar en el sistema de Dios, entonces tienes que empezar a dar—y no puedes dar un poquito y de mal humor si quieres obtener una gran retribución. Tienes que dar mucho, tienes que hacerlo con alegría, y tienes que dar de tus primicias. Si tú haces estas cosas durante un período de tiempo largo, entonces empezarás a ver que se aproxima una cosecha.

Lamentablemente, la mayoría de los cristianos no diezman ni dan ofrendas. Los pastores han estado diciendo por mucho tiempo que aproximadamente es un 20% de la gente la que aporta de un 80% - 100% de los ingresos de las iglesias. Con base en lo que he platicado con los pastores y los reportes que he leído acerca de lo que la gente da, yo tengo que decir que sí lo creo. Así que muchos creyentes no entienden esta ley básica principal que dice que si quieres prosperar por medio del sistema financiero de Dios, entonces tienes que ser una persona que da.

Yo creo que la razón primordial por la que la gente no da es el miedo. Miedo de que no vayan a tener lo suficiente para cuidar de sus familias, o miedo de que Dios no les vaya a dar la mano. Espero haber presentado suficientes versículos para contraatacar ese temor y esa incredulidad, y para asegurarte que cuando empieces a dar y a confiar en Dios, ¡Él te hará prosperar!

Cuando el apóstol Pablo tenía algo importante que decirle a los creyentes él decía: "Les suplico hermanos". Es como decir: "Les estoy rogando…" Pues bien, les estoy rogando que empiecen a confiarle a Dios sus finanzas; es por su propio bien. La finalidad con la que Dios nos dijo que demos es para que lo dejemos a Él entrar a nuestras finanzas.

Si tú tienes dinero, entonces puedes dar. No importa cuánto tienes. Confía en lo que la Palabra dice y empieza a dar de tus primicias. No te resistas por el temor de que no tendrás lo suficiente. Dios proveerá. Él quiere bendecirte en el área de las finanzas, pero tú tienes que plantar una semilla. Tú debes dar un paso de fe. Así que empieza a dar, y observa cómo el fluir sobrenatural de la bendición de Dios incrementa tus recursos económicos y te hace prosperar en todas las áreas de tu vida.

---

[1] Véase 1 Corintios 2:14
[2] Véase Lucas 21:1-4 y Marcos 12:41-44
[3] Añadí el énfasis.

ACERCA DEL AUTOR

Por más de tres décadas Andrew ha viajado por los Estados Unidos y por el mundo enseñando la verdad del Evangelio. Su profunda revelación de la Palabra de Dios es enseñada con claridad, simplicidad, enfatizando el amor incondicional de Dios y el equilibrio entre la gracia y la fe. Llega a millones de personas a través de sus programas diarios de radio y televisión La Verdad del Evangelio, transmitidos nacional e internacionalmente.

Fundó la escuela *Charis Bible College* en 1994 y desde entonces ha establecido extensiones del colegio CBC en varias ciudades principales de América y alrededor del mundo. Andrew ha producido una colección de materiales de enseñanza, disponibles en forma impresa, en formatos de audio y video. Y, como ha sido desde el inicio, su ministerio continúa proporcionando cintas de audio y discos compactos gratuitos a todos aquellos que no pueden adquirirlos.

Para mayor información escríbenos o llámanos:

MINISTERIOS ANDREW WOMMACK, INC.
P.O. Box 3333 • Colorado Springs, CO 80934-3333

Línea de ayuda (para solicitud de materiales y oración):
(719) 635-1111
Horas: 4:00 AM a 9:00 PM MST

O visítalo en la Internet:
www.awmi.net

RECIBE A JESUCRISTO COMO TU SALVADOR

———————

¡Optar por recibir a Jesucristo como tu Señor y Salvador es la decisión más importante que jamás hayas tomado!

La Palabra de Dios promete: **"Si confesares con tu boca que Jesús es el Señor, y creyeres en tu corazón que Dios le levantó de los muertos, serás salvo"** (Ro. 10:9-10). **"Todo aquel que invocare el nombre del Señor, será salvo"** (Ro. 10:13).

Por su gracia, Dios ya hizo todo para proveer tu salvación. Tu parte simplemente es creer y recibir.

Ora en voz alta: **"Jesús, confieso que Tú eres mi Señor y mi Salvador. Creo en mi corazón que Dios te levantó de entre los muertos. Por fe en Tu Palabra, recibo ahora la salvación. ¡Gracias por salvarme!"**

En el preciso momento en que entregaste tu vida a Jesucristo, la verdad de Su Palabra instantáneamente se lleva a cabo en tu espíritu. Ahora que naciste de nuevo, hay un Tú completamente nuevo.

RECIBE AL ESPÍRITU SANTO

Como Su hijo que eres, tu amoroso Padre Celestial quiere darte el poder sobrenatural que necesitas para vivir esta nueva vida.

Todo aquel que pide, recibe; y el que busca, halla; y al que llama, se le abrirá...Si vosotros...sabéis dar buenas dádivas a vuestros hijos, ¿cuánto más vuestro Padre celestial dará el Espíritu Santo a los que se lo pidan?

LUCAS 11:10,13

¡Todo lo que tienes que hacer es pedir, creer y recibir!

Ora: **"Padre, reconozco mi necesidad de Tu poder para vivir esta nueva vida. Por favor lléname con Tu Espíritu Santo. Por fe, ¡lo recibo ahora mismo! Gracias por bautizarme. Espíritu Santo, eres bienvenido a mi vida".**

¡Felicidades! ahora estás lleno del poder sobrenatural de Dios. Algunas sílabas de un lenguaje que no reconoces surgirán desde tu corazón a tu boca (1 Co. 14:14). Mientras las declaras en voz alta por fe, estás liberando el poder de Dios que está en ti y te estás edificando en el espíritu (1 Co. 14:14). Puedes hacer esto cuando quieras y donde quieras.

Realmente no interesa si sentiste algo o no cuando oraste para recibir al Señor y a Su Espíritu. Si creíste en tu corazón que lo recibiste, entonces La Palabra de Dios te asegura que así fue. **"Por tanto, os digo que todo lo que pidiereis orando, creed que lo recibiréis, y os vendrá"** (Mr. 11:24). Dios siempre honra Su Palabra; ¡créelo!

Por favor, escríbeme y dime si hiciste la oración para recibir a Jesús como tu Salvador o para ser lleno del Espíritu Santo. Me gustaría regocijarme contigo y ayudarte a entender más plenamente lo que ha sucedido en tu vida. Te enviaré un regalo que te ayudará a entender y a crecer en tu nueva relación con el Señor. "¡Bienvenido a tu nueva vida!"

Otras Publicaciones de Andrew Wommack

Espíritu, Alma y Cuerpo

El entender la relación entre tu espíritu, alma y cuerpo es fundamental para tu vida Cristiana. Nunca sabrás en realidad cuánto te ama Dios o creerás lo que Su Palabra dice sobre ti hasta que lo entiendas. En este libro, aprende cómo se relacionan y cómo ese conocimiento va a liberar la vida de tu espíritu hacia tu cuerpo y tu alma. Puede inclusive explicarte por qué muchas cosas no están funcionando de la forma que esperabas.

Código del artículo: 701

El Nuevo Tú

Es muy importante entender lo que sucedió cuando recibiste a Jesús como tu Salvador. Es la clave para evitar que La Palabra que fue sembrada en tu corazón sea robada por Satanás. La enseñanza de Andrew provee un fundamento sólido de las Escrituras que te ayudará a entender. La salvación es sólo el inicio. Ahora es tiempo de ser un discípulo (aprender de Él y seguirlo). Jesús enseñó mucho más que sólo el perdón de pecados; Él trajo al hombre a una comunión con el Padre. Desde la perspectiva de Dios, el perdón de los pecados es un medio para alcanzar un objetivo. La verdadera meta es tener comunión con Él y ser más como Jesús.

Código del artículo: 725

El Espíritu Santo

¡Aprenda por qué el bautismo del Espíritu Santo es una necesidad absoluta! Vivir la vida abundante que Jesús proveyó es imposible sin esto. Antes de que los discípulos de Jesús recibieran al Espíritu Santo, eran hombres débiles y temerosos. Pero, cuando fueron bautizados con el Espíritu Santo en El día de Pentecostés, cada uno se volvió un poderoso testigo del poder milagroso de Dios. En Hechos 1:8 Jesús nos dice que el mismo poder está disponible para nosotros.

Código del artículo: 726

La Gracia, el Poder del Evangelio

Encuestas recientes indican que la mayoría de los Cristianos, aquellos que aseguran ser renacidos, creen que su salvación depende por lo menos en parte de su comportamiento y de sus acciones. Sí, creen que Jesús murió por su pecado, pero ya que lo han aceptado como su Salvador creen que aún deben cubrir ciertos estándares para ser lo suficientemente "buenos". Si eso es verdad, entonces ¿cuál es el estándar y cómo sabes que ya lo cumpliste? La iglesia ha tratado de contestar estas preguntas por siglos y el resultado siempre ha sido una esclavitud religiosa y legalista. Entonces, ¿cuál es la respuesta? Se debe empezar por hacer la pregunta correcta. No es: "¿Qué debemos hacer?" Más bien: "¿Qué hizo Jesús?" Este libro te ayudará a entender, por medio del libro de Romanos, la revelación del Apóstol Pablo de lo que Jesús hizo, nunca más preguntarás si estás cumpliendo con el estándar.

Código del artículo: 731

LA GUERRA YA TERMINÓ

El Conflicto de mayor duración en la historia de la humanidad duró 4000 años y culminó con una victoria absoluta hace casi 2000 años. Aun así, muchos todavía no han escuchado estas noticias y continúan peleando la batalla—la batalla en contra del pecado y del juicio. En la cruz Jesucristo dijo: "Consumado es", se proclamó la victoria, y la reconciliación comenzó. Ésta era la victoria que se prometió cuando Jesucristo nació y los ángeles declararon: "¡Gloria a Dios en las alturas, y en la tierra paz, buena voluntad para con los hombres!" La paz de la que Él habló no era la paz entre los hombres, sino la paz entre Dios y la humanidad. El pecado ya no es el problema; el precio ha sido pagado de una vez por todas. ¿Fue Su sacrificio suficiente para ti? ¿Crees que Dios está restringiendo Su bendición y que la razón es tu pecado? Las respuestas que encontrarás en este libro te liberarán de la condenación y el temor. ¡Te liberarán para que recibas las promesas anunciadas por Dios!

Código del artículo: 733

LA AUTORIDAD DEL CREYENTE

El controversial tema de la autoridad del creyente en Cristo se discute extensamente en la iglesia hoy. Andrew Wommack, maestro de la Biblia reconocido internacionalmente nos trae una nueva perspectiva sobre esta importante verdad espiritual que podría poner a prueba todo lo que has aprendido. Al escudriñar Las Escrituras, Andrew revela la importancia espiritual de tus decisiones, tus palabras, y tus acciones y cómo afectan tu capacidad para enfrentar los ataques de Satanás y para recibir lo mejor de Dios. Descubre las poderosas verdades encerradas en la verdadera autoridad espiritual y empieza a ver verdaderos resultados.

Código del artículo: 735

LA ADMINISTRACIÓN DE LAS FINANZAS

La Biblia habla más de las finanzas que de muchas otras doctrinas Bíblicas trascendentales como el cielo y el infierno o la fe y la oración.

Muchos malinterpretan la administración de las finanzas. Cuando leen o escuchan esa palabra piensan en una labor ardua o en la obligación. De hecho, la verdad es lo opuesto. Como ya aprenderás, verte a ti mismo como un administrador de los recursos de Dios es el único camino para llegar a la verdadera libertad en el área de las finanzas.

En este libro trascendental Andrew habla de muchas de las cuestiones delicadas relacionadas con el dinero. Él explica la administración santa, los primeros pasos hacia la prosperidad financiera, la parábola del mayordomo sagaz, las perspectivas correctas e incorrectas del diezmo y mucho más.

La Biblia habla más de las finanzas que de muchas otras doctrinas Bíblicas trascendentales como el cielo y el infierno o la fe y la oración. Jesucristo usó las finanzas y la actitud de la gente en cuanto al dinero para revelar la actitud de sus corazones. Sin embargo, Él dijo que confiar en Dios en el área de las finanzas es el uso más elemental de tu fe. Es importante entender por qué.

La verdadera prosperidad Bíblica no es egoísta. No es para ti, es para que tú puedas bendecir a otros. Si te has sentido confundido o inseguro en cuanto a la función que el dinero debe desempeñar en tu vida, este libro es para ti.

Andrew Wommack

El mensaje de Andrew Wommack, autor y maestro dedicado a la enseñanza de la Biblia durante los últimos treinta años, llega a millones de personas a través de los programas diarios de radio y televisión "La Verdad del Evangelio" y de la escuela Charis Bible College, ubicada en Colorado Springs, Colorado.

Andrew Wommack Ministries Canada
300 Steeprock Drive | Toronto, ON M3J 2X1
www.awmc.ca

P9-DXR-185

Item Code: 747

ISBN: 978-1-59548-155-9